Consejos útiles para abogados penalistas (I)

Nociones y estrategias a tener en cuenta para una defensa penal efectiva durante el juicio oral.

Honoris-American Project
Estados Unidos. 2017

Autor: Dager Aguilar Avilés
Edición y corrección: Dager Aguilar Avilés
Editado con la colaboración de Honoris-Américan Project
Diseño interior y de cubierta: Włodzimierz Wielogórski
Diagramación: Lisandra Vásquez Mendoza

Sobre la presente edición:
©Dager Aguilar Avilés, 2017
© Honoris-American Project. 2017. Estados Unidos.
Consejos útiles para abogados penalistas (I).
Nociones y estrategias a tener en cuenta para una defensa
penal efectiva durante el juicio oral.
ISBN-13: 978-1542888776
ISBN-10: 1542888778

©Ed. Honoris- American Project. 2017
Estados Unidos
e-mail: honorisamerica@gmail.com
www.honorisamerica.com
Contacto de autor: claudios2400@gmail.com

A Dios por bendecirme todos los días
A mi madre Digna Avilés Martínez, mi guía y mejor consejera.
Al Doctor Marcelino Díaz Pinillo, Educador consagrado a la enseñanza del Derecho Procesal Penal.
A Włodzimierz Wielogórski quien tuvo la idea original de esta obra y por todo su apoyo para su publicación

Del Autor:

Dager Aguilar Avilés: Ciudadano cubano residente en la ciudad de Varsovia, Polonia. Jurista, criminólogo, académico y escritor. Profesor de la Facultad de Derecho de la Universidad de La Habana, Cuba (2007-2012), Profesor de Derecho Procesal Penal y Derecho Penal Especial en el Centro universitario "Salvador Allende", municipio Habana del Este, La Habana, Cuba (2009-2010). Profesor de Derecho Procesal Penal y Derecho Penal Especial del Centro universitario municipio de Centro Habana, La Habana, Cuba (2009-2011). Fiscal de la Fiscalía Provincial de la Habana. (2011-2012), Profesor de la Carrera de Derecho de la Facultad de Educación a Distancia de la Universidad de La Habana. (2010-2012). Investigador visitante del Departamento de Sociología, Filosofía y Psicología Aplicada de la Universidad de Padova, Italia (2013), Investigador Asociado del Grupo de Investigación de Gobierno, Administración y Políticas Públicas de Madrid, España (2012-actualidad), Becario de la

Universidad de Varsovia, Polonia (2014-2016).Investigador-miembro colaborador del Center for Crime and Justice Studies de Londres. Reino Unido, 2017/actualidad. Miembro de la red de docentes e investigadores de América Latina. Miembro del grupo coorporativo de peritos del Ecuador. 2016-actualidad. Ha dirigido varios investigaciones de tesis de diploma y maestría relativos a temas procesales. Ha publicado varios libros en Europa y Estados Unidos, así como numerosos artículos y ensayos en contribuciones y revistas especializadas en ciencias sociales y jurídicas en Europa, América Latina y Estados Unidos. Ha presentado ponencias en numerosos eventos científicos.

Se me ha solicitado la redacción de esta obra, la cual he realizado con un enorme placer. El libro que usted tiene en sus manos constituye un manual destinado a los abogados defensores y aquellos estudiantes universitarios y recién egresados que desean desempeñarse profesionalmente como tal. En las líneas de este texto usted podrá encontrar un conjunto de consejos útiles fundamentados en los distintos cuestionamientos que usualmente se suscitan en nuestros tribunales por parte de los abogados defensores. En esta ocasión no se pretende brindar un tratado doctrinal sino ofrecer algunas sugerencias necesarias y prácticas para garantizar una efectiva defensa penal durante el juicio oral. Es por estas razones que definimos esta producción como un manual de autoayuda para abogados penalistas.

La obra está dividida en varios tomos. Esta primera parte comprende tres capítulos fundamentales. El primero de ellos se titula *¿Por qué fracasan los abogados defensores? Algunas ideas al respecto.* En él se exponen algunas nociones sobre las causales que más inciden en la efectividad de las defensas penales. La gran mayoría de las causales explicadas en este acápite se fundamentan en la experiencia personal y práctica del autor y la de todos aquellos que han colaborado en la realización de este libro. El segundo lleva por título *Algunos principios procesales y cuestiones esenciales de necesario conocimiento para una efectiva defensa penal*. Este capítulo aborda desde una perspectiva más doctrinal algunos de los principios rectores del proceso penal y especialmente del juicio oral. En él se propone también algunas tácticas doctrinales y prácticas para la aplicación de estos principios en *pro* de lograr una defensa exitosa. Por su parte, el último capítulo se titula *Estrategias útiles a tener en cuenta durante el juicio oral*. En este acápite igualmente se retoma la perspectiva de los capítulos anteriores y se ofrecen otras recomendaciones adicionales, igualmente fundamentadas desde la práctica jurídica y la doctrina, pero desde una perspectiva diferente: la psicología jurídica y la programación neurolingüística. Desde esta visión, a modo de ejemplo, se abordan temas como el lenguaje extraverbal, los métodos de detección de mentiras durante el testimonio, tácticas de influencia psicológica en el juzgador, entre otros tópicos. Para la redacción de este libro se ha utilizado un lenguaje simple sin tecnicismos excesivos para facilitar su comprensión por parte de todos los lectores, independientemente de su nivel profesional. Con ello queremos decir que es un libro entendible tanto para abogados, psicólogos, sociológos y criminólogos como para todos aquellos que sin ser especialistas en el tema se apasionan por el estudio de tópicos jurídicos. Para un aprovechamiento más completo de las ideas abordadas en esta obra, se recomienda la aquisición y lectura de la segunda parte titulada *Consejos útiles para abogados penalistas II. ¿Cómo impugnar un dictamen pericial criminalístico?* Si con este texto podemos lograr que su rol como abogado penalista se perfeccione y, a la vez, aumente su pasión por esta hermosa profesión entonces podremos decir sin lugar a dudas que nuestros objetivos se habrán cumplido.

Índice

Tema II: Algunos principios procesales y cuestiones esenciales de necesario conocimiento para una efectiva defensa penal. / 93

Sin piedad la justicia se torna crueldad. Y la piedad sin justicia, es debilidad.

Pietro Metastasio (1698-1782) Poeta italiano.

Ningún vencido tiene justicia si lo ha de juzgar su vencedor.
Donde hay poca justicia es un peligro tener razón.

Francisco de Quevedo (1580-1645) Escritor español.

Una causa bien defendida es una causa justa.

George Calinescu (1899-1965) Novelista, dramaturgo y poeta rumano.

Aléjese de los palacios el que quiera ser justo. La virtud y el poder no se hermanan bien.

Lucano (39-65) Escritor latino.

Tema I: Por qué fracasan los abogados defensores. Algunas ideas al respecto.

Sumario:

1. No saber interrogar objetivamente y controlar al interrogado. *1.1. control. 1.2. memoria. 1.3. sintaxis. 1.4.logica. 1.5. velocidad, 1.6. momento oportuno. 1.7. actitud. 1.8.Inicio y terminación.* **2. Poca o nula preparación de los testigos de la defensa. 3. Poco conocimiento acerca de nuestros representados. 4. Mal ejercicio de la representación jurídica. 5. Poca preparación en estudios complementarios al Derecho Penal. 6. Mala comunicación con su defendido. 7. No realizar las protestas pertinentes durante el juicio oral y reclamar asentamientos de estas en el acta del juicio. 8. Desobedecer e irrespetar al juez. 9. Prestar poca atención a las respuestas. 10. Mal uso del lenguaje extraverbal. 11. Violación de los principios del juicio oral. 12. Desconocimiento de la función social del abogado defensor. 13. Incorrecta instrumentación del informe final.**

1. No saber interrogar objetivamente y controlar al interrogado.

El interrogatorio es una de las herramientas más importantes con las que cuenta el abogado defensor durante el juicio oral, pues mediante éste podrá recrear y profundizar la información que ha brindado durante sus conclusiones provisionales o en otros momentos, como puede ser en su alegato de apertura. También mediante el interrogatorio el abogado defensor puede introducir nuevas informaciones, evidencias materiales y pruebas documentales; por lo que es una oportunidad para extraer de cada testimonio aquel fragmento de información útil para su teoría del caso. Además, permite construir la credibilidad del testigo y obtener información relevante para el análisis de otra prueba.

Lo primero que todo abogado debe tener en cuenta a la hora del interrogatorio es que ningún testigo es neutral, por lo que debemos demostrar al tribunal las razones por las que debe creer en los testimonios resultados de nuestras pruebas testificales. También debemos tener en cuenta de que todo testigo tiene su propia versión de los hechos y que el abogado debe saber con perspicacia qué elementos de ese testimonio pueden ser útiles para su teoría del caso. Por estas razones el abogado defensor debe garantizar que el tribunal tenga clara cuatro ideas fundamentales a saber:

¿Quién es el testigo?(su vida)
¿Qué dice? (contenido)
¿Cómo lo dice?(comportamiento)
¿ Por qué deben creerle?

Casi todas las leyes de procedimientos penales establecen reglas respecto al interrogatorio de los testigos;[1] pero existen cuestiones referidas al mismo que no están establecidas en la ley por su naturaleza metajurídica y que son esenciales para lograr una defensa exitosa. Un ejemplo de estas cuestiones son las habilidades personales del interrogador. Todo abogado debe poseer la preparación psicológica y las destrezas oratorias

---

[1] Entre estas reglas encontramos, a modo de ejemplo, la prohibición de formular preguntas impertinentes, capciosas, incidiosas, sugestivas; así como forzarlos, engañarlos o realizar promesas o artificio alguno para inducirlos a declarar en determinado sentido

necesarias para realizar un interrogatorio realmente efectivo. Para ello se requieren además otras aptitudes y técnicas que explicaremos a continuación en esta obra. Entre ellas se encuentran: velocidad, memoria, lógica, control, sintaxis, oportunidad y actitud.

1.1. Control.

Durante el interrogatorio se recomienda mantener el control del interrogado. Una persona interrogada que no dice la verdad necesitará de tiempo para poder elaborar sus respuestas, por lo que se recomienda no permitirle gozar de ese intervalo pretendido. Para ello el abogado defensor debe evitar respuestas dilatadas mediante un ritmo de preguntas bastante dinámico y potente que no dé oportunidad a la fabricación de respuestas. A veces los interrogadores llegan al Juicio Oral sin una idea clara de las preguntas básicas que deben realizar a los testigos y partes en el proceso. Ello provoca que las interrogantes formuladas sean débiles y carentes de objetividad por lo que cualquier interpelado con un mínimo de habilidad para mentir o de capacidad interpretativa puede desviar el sentido de la pregunta y destruir toda la estrategia del interrogador. En estos casos, por cierto muy comunes, el interrogado no sólo debilita el control del interrogatorio del abogado defensor sino que hasta puede tomarlo y desviarlo en beneficio de la contraparte procesal. Es por ello que el abogado defensor debe preparar el interrogatorio con antelación y en correspondencia con su estrategia de defensa.

También suele suceder que en medio del juicio oral aparezcan informaciones sorpresivas para el abogado sobre el caso concreto o sobre el acusado. En estos casos las habilidades de reformular preguntas es muy importante porque entonces el abogado tendría que ser capaz de no perder el control y aún así reordenar, a veces de manera instantánea, su interrogatorio. Con ello quiero significar que no es suficiente el prepararse con antelación para un interrogatorio, sino que también se debe estar preparado para sorpresas indeseadas durante el mismo. Este último supuesto es bastante común y se requiere también de aptitudes psicológicas y experiencia para poderlo enfrentar con éxito. Muchas veces al abogado no le queda de otra que intentar la suspensión del juicio oral para salvar la defensa penal de tal situación y poder prepararse mejor para los nuevos acontecimientos. Aunque no siempre este objetivo se logra, vale reiterar aquí que es la poca preparación para interrogar la que provoca que en este y otros supuestos la defensa penal fracase.

1.2. Memoria.

Un buen penalista debe tener excelente memoria porque si algo es importante para la defensa penal es que el abogado pueda captar y procesar de manera rápida todos los datos e informaciones que se brinden durante el juicio oral y las fases que le anteceden en el proceso penal. Un elemento importante lo es no perder la concentración sobre todo detalle y declaración que se realice por los sujetos intervinientes, pues ello determina la velocidad de réplica (lo que muchos llaman coloquialmente "ataque y contraataque") y el aprovechamiento de cada oportunidad que se le presente al defensor.

Muchas veces nos encontramos con que los abogados se distraen por muchas razones que pueden ir desde problemas personales hasta ruidos o situaciones repentinas en el estrado. Estas circunstancias pueden provocar el olvido de informaciones importantes o ideas estratégicas que el abogado puede estar "cocinando" en su mente. Por eso, aunque no lo parezca, éste puede perder la idea o lógica de su táctica y cometer errores que pueden dar ventaja a su contraparte. Un ejercicio bastante efectivo es el de meditación y relajación para lograr una mejor concentración momentos antes de iniciar el juicio oral. Haber descansado bien la noche anterior resulta necesario porque en ocasiones, por disímiles causas, los juristas dejamos el trabajo para último momento y entonces empleamos la noche anterior al juicio para diseñar nuestra estrategia a desarrollar la mañana o la tarde siguiente. Así, al otro día arribamos al tribunal muy cansados y con mente fatigada, lo cual influye en esa disminución de nuestra capacidad de concentración a la que hacía mención. También es recomendable realizar actividades que influyan en nuestro potencial mental como puede ser practicar deportes, yoga, una correcta alimentación y estudiar mucho temas que nos resulten recreativos y que a su vez contribuyan a nuestra cultura general. Sin embargo, la recomendación más útil que pudiera hacer para lograr siempre una buena memoria es el descanso y el sueño. Dormir aproximadamente ocho horas diarias contribuirá sin duda alguna a lograr una mejor memoria y semblante. También el consumo de alimentos ricos en fósforo (P) como son el pescado salmón, las lentejas hervidas, la leche descremada y el huevo hervido los recomiendo personalmente.

El abogado debe también dominar los preceptos legales de las leyes que le competen a su especialidad, porque el poder respaldar legalmente sus argumentos otorga mayor seriedad y objetividad a su teoría del caso. Conocer las legislaciones y saberlas combinar es una habilidad que todo jurista debe dominar.

1.3. Sintaxis.

La sintaxis se comprende como la concreción de las preguntas en el tiempo y por su objeto. Es decir, las preguntas que formula el abogado defensor deben ser cortas, concisas y precisas. De esta manera facilita la memorización de las respuestas y el control del interrogatorio por parte de éste. Cuando se respetan estas reglas antes descritas las interrogaciones de los abogados defensores no permiten respuestas dilatadas ni pre-fabricadas. En cambio, cuando un abogado no es capaz de establecer preguntas adecuadamente genera un efecto muy contrario al deseado en los testigos interrogados y esto es otro error que puede devenir en ventaja para la contraparte procesal si los aprovecha oportunamente. Este es un tema muy relacionado con la objetividad de la práctica de la prueba testifical en el juicio oral. Si el abogado se concentra en realizar preguntas innecesarias solamente logrará dilatar el interrogatorio y perderá la oportunidad de crear una impresión determinada en el juzgador, además de perder el control sobre el testigo y la concentración en su estrategia. Por estas razones se recomienda siempre tener mucha información sobre el caso concreto porque el no conocer la situación que provoca o conlleva al interrogatorio, especialmente si se va a interrogar a un experto en el tema, puede acarrear un fracaso rotundo de la defensa.

1.4. Lógica.

Las distintas preguntas que formula el abogado al testigo deben tener una lógica. Ello quiere decir que valoradas en su conjunto deben ir encaminadas a generar una serie de respuestas que sugieran la tesis que posteriormente el abogado defenderá en sus conclusiones finales. Esta lógica del interrogatorio se pierde cuando el abogado formula preguntas contradictorias o fuera de orden.

La lógica no se expresa solamente entre las informaciones obtenidas en el interrogatorio sino también entre éstas con respecto a todos los análisis jurídicos y reflexiones que realice el abogado defensor durante el juicio oral. En tal sentido, si el testimonio de los testigos se contrapone a los propios análisis de la defensa romperá la conexidad lógica necesaria de las informaciones aportadas por el abogado para la fundamentación de su teoría del caso. Lo que resulta importante destacar aquí, en resumidas cuentas, es que los testimonios de los testigos de la defensa deben ser coherentes unos con los otros en lo que respecta a los hechos y, a su vez, contribuir a transmitir una lógica respecto a ese hecho que el abogado defensor desea narrar en sus conclusiones finales. Las preguntas que el abogado formule a los testigos de la fiscalía también deben seguir una lógica. En este caso no se tratará solamente de reafirmar los testimonios de los testigos de la defensa sino también de romper la lógica de los propios testigos de la fiscalía y las reflexiones o análisis que pueda realizar el fiscal respecto al hecho objeto del proceso.

1.5. Velocidad

Anteriormente aludí a que las preguntas del abogado deben ser cortas y concisas y, de igual manera, éste debía tratar de que las respuesta de los testigos fueran exactas y objetivas. En esta ocasión llamaré la atención sobre la pausa entre la respuesta del testigo y la pregunta que le formule el abogado a continuación. El intervalo de tiempo entre la respuesta del testigo y las preguntas formuladas por la defensa debe ser corto, pues de esta manera se impide que el testigo prefabrique sus respuestas o analice la mejor forma de redondear la respuesta en el caso de preguntas incómodas; pero sobretodo se provoca en él una fatiga mental que sin duda alguna lo podría llevar a dar respuestas ilógicas e incoherentes. Muchos abogados que no preparan su interrogatorio previamente elaboran sus preguntas en el momento de la interrogación al testigo, por lo que muchas veces fallan en la lógica e, indiscutiblemente, en la velocidad necesaria y objetividad de dicho interrogatorio. Siempre recomiendo que las preguntas del abogado conlleven a respuestas concisas que no requieran ser recreadas porque es esa la oportunidad que el testigo aprovecha para redondear las ideas y analizar antes de contestar.

1.6. Momento oportuno.

Siempre se debe saber aprovechar los momentos oportunos del interrogatorio para "desarmar" al testigo y para influir en la mente del jurado. Uno de estos momentos es cuando se le ha hecho una ráfaga de preguntas fuertes e incómodas al testigo y éste casi no ha tenido tiempo para reponerse y repeler el ataque. En estas circunstancias casi siempre el testigo evidencia mediante su rostro, mímica y otras formas su incomodidad, por lo que es un buen momento para realizar las preguntas esenciales y más fuertes. Claro está que para ello se requiere una combinación excelsia de todas las recomendaciones hechas anteriormente en esta obra respecto al interrogatorio. Otro momento oportuno, a modo de ejemplo, es cuando el interrogatorio se efectúa anteriormente a un espacio de receso, pues ese es el medio idóneo para dejar un ambiente de duda e incertidumbre en el jurado o en los jueces respecto a la credibilidad de los testigos de la contraparte procesal porque durante ese intervalo de tiempo esa duda se clavará en sus mentes e influirá grandemente en la convicción judicial. Cuando un abogado defensor no aprovecha estos y otros momentos oportunos ha perdido en gran medida una oportunidad muy valiosa. También debemos tener presente de que toda oportunidad aprovechada por la defensa tributa, como actividad preparatoria, a sus conclusiones finales, especialmente si el objeto del proceso penal correspondiente es muy complejo.

1.7. Actitud.

La actitud en el interrogatorio es esencial, pues todo testigo debe ser tratado con respeto conforme a su condición humana. No obstante, no todos los testigos son iguales ni tienen el mismo perfil psicológico. Este es una tema que debe ser bien dominado, pues el tono de voz adecuado, la cadencia linguística, los ademanes oportunos y otras proyecciones pueden influir en la postura del testigo y llevarlo hacia la conducta deseada por el abogado. Sin embargo, de la misma manera que la actitud correcta influye convenientemente en el testigo, también la actitud incorrecta por parte del abogado defensor puede provocar reacciones indeseadas en éste y dar al traste con la idea lógica que se pretende generar en los jueces. Una actitud que evidencie seriedad, fuerza de carácter, intimidación y seguridad en sí mismo es recomendable siempre para dejar una buena impresión en los jueces, el jurado y el público asistente; pero especialmente, para influir en la psiquis de aquellas prsonas a quienes nos dirigimos en cada intervención que hagamos, ya sea mediante el interrogatorio o reflexiones que realicemos durante el juicio oral.

1.8. Inicio y terminación.

Para muchos, los momentos más importantes de un interrogatorio son el principio y el fin. Ello se debe a que en la memoria de los jueces y del jurado siempre queda bien fijado el inicio y la terminación del interrogatorio. Es por estas razones que estos dos momentos son cruciales para un abogado defensor. El inicio del interrogatorio genera la primera y más importante impresión en el jurado y los jueces. Si el abogado sabe aprovechar esta oportunidad podrá conducir el interrogatorio a tenor de generar y mantener esa impresión deseada en el juzgador. De igual manera, la terminación del interrogatorio va, sin lugar a dudas, a generar el último recuerdo, pero el más latente, en la memoria de los juzgadores. Esto es bien importante porque la mayoría de los jueces conforman su convicción judicial impulsados en gran medida por las impresiones y recuerdos retenidos del juicio oral, independientemente de la valoración de los restantes elementos y medios de prueba. Es por ello que cuando el abogado no logra un buen inicio y terminación de su interrogatorio pierde potencialmente una oportunidad de influir directamente en el proceso de formación de la convicción judicial. Infelizmente este es un fenómeno bastante cotidiano en los tribunales, especialmente por abogados que tienen poca experiencia en el ejercicio de la profesión.

2. Poca o nula preparación de los testigos de la defensa.

El primer error que muchas veces cometemos los abogados respecto al tema testifical es no saber escoger bien a los testigos. A veces no queda de otras que presentar un testigo determinado por ser el único existente; pero también hay casos en los que tenemos la posibilidad de escoger entre varios testigos y no lo hacemos correctamente. Cuando se ha errado en la selección de algún testigo ello se manifiesta inmediatamente durante el interrogatorio. Ese es el caso de los testigos que plantean "a última hora frente al estrado" que no recuerdan, que no están seguros de algo o simplemente que no vieron bien cómo ocurrieron los hechos. En el peor de los casos los hay que hasta contradicen al abogado afirmando todo lo que puede refutar y romper los argumentos de la defensa. Por eso siempre recomiendo que para escoger un testigo se debe primeramente tener claro cuatro aspectos fundamentales:[2]

---

[2] Estos cinco elementos han sido denominados por su autor Jordi Estalella del Pino como *Guía de Objetivo del Testigo*. *Vid:* ESTALELLA DEL PINO, JORDI: *Cómo seleccionar al testigo idóneo* publicado en *Revista del Ilustre Colegio de Abogados*

-qué clase de testigo es (testigo directo o de referencia).[3]

- Qué hechos concretos puede acreditar.

- En qué medida perjudica a la defensa si no presta su declaración.

- Si tiene compromisos con alguien de manera tal que pudiera influir en un cambio repentino de criterio o cohibirse durante la declaración de su testimonio. El "compromiso", en tanto término derivado de la práctica forense anglosajona, se refiere a la existencias de pruebas existentes que puedan comprometer al testigo y obligarlo a no declarar a última hora si se le presiona con ese fin por la contraparte procesal en el proceso penal.

---

de Valladolid. Sección "desde el foro". Valladolid, España. Septiembre, 2006.P. 33-36.

[3] Los testigos directos son aquellos que han percibido el suceso criminal personalmente; o sea, que lo han percibido por medio de sus propios sentidos. Esto significa que sus testimonios siempre serán más acertados, detallados y creíbles, lo cual es fundamental para la formación de la convicción judicial. Por su parte, los testigos de referencia, como sugiere su nominación, son aquellos cuyo testimonio se fundamenta en las referencias que reciben de otras personas. A este tipo de testigos los jueces le otorgan menos credibilidad por la alta posibilidad de que sus testimonios estén viciados por la subjetividad de quien declara o de quien les haya hecho la referencia primaria.

- Cuáles son sus puntos más débiles.

Ahora bien, escoger correctamente al testigo no es suficiente para garantizar la efectividad de su testimonio, pues se requiere además prepararlos bien. Muchas veces los abogados defensores no los preparan adecuadamente para el interrogatorio ni los instruyen de manera adecuada sobre la relevancia jurídica y responsabilidad de su participación en el proceso penal. Este fenómeno es también bastante cotidiano en los tribunales. Por ello siempre se recomienda preparar a los testigos previamente al juicio oral y si esta faena la realiza el abogado defensor personalmente es mejor. Otro consejo de gran utilidad es mostrarle previamente el tribunal donde será interrogado para evitar que el testigo esté nervioso el día de su interrogatorio y ya se sienta familiarizado con ese local. Durante el ejercicio de simulación es recomendable que alguien contrainterrogue al testigo para que éste tenga una idea de lo que es un interrogatorio y la posible dinámica del mismo. Además, ello le posibilitará al testigo mejor autocontrol el día del juicio oral. El abogado defensor debe también conocer todas las respuestas que debe dar el testigo ante cada interrogante que se le formule por parte de la defensa e instruirlo sobre las respuestas que debe dar ante posibles preguntas que pudiera formular su contraparte procesal. Siempre sugiero aclararle la importancia de que sea veraz en el interrogatorio, pues existen modalidades delictivas en las que puede incurrir si falta a la verdad en sus declaraciones y debe ser conciente de ello. Por último, el abogado debe también determinar inteligentemente el orden en el que se van a presentar los testigos, si es posible, y velar porque exista coherencia entre todas las respuesta de los mismos.

Resulta loable destacar que el abogado debe tener en cuenta cuatro aspectos fundamentales de los testigos a interrogar: la personalidad, el conocimiento, la percepción y la memoria.

3. Poco conocimiento acerca de nuestros representados.

En la instrumentación adjetiva del Derecho Penal juega un rol importante la relación entre el abogado y su representado por ser mediante ésta que el Estado garantiza el respeto a los derechos más inalienables del encausado por su condición de ser humano. Ello obliga al abogado defensor a vincularse con su defendido de una manera especial y bajo determinados parámetros de confidencialidad. De ahí que el primer paso de todo abogado sea comunicarse con su representado y establecer un acercamiento que le permita formarse a cada uno una idea clara respecto al otro e intercambiar informaciones necesarias para la planificación de la estrategia defensiva. Para el encausado este acercamiento será fructífero en cuanto pueda confiar en su representante legal y sienta que éste último hará lo posible a su alcance por responder satisfactoriamente a sus intereses personales como si se tratara de él mismo. De igual manera, el abogado defensor será objetivo en su acercamiento con su representado en cuanto ello le permitirá estudiar los perfiles de su cliente para posteriormente instrumentar una defensa fundamentada, además de los preceptos legales aplicables a su teoría del caso, en las características personales (físicas y psicológicas) más convenientes para solicitar la absolución, la apreciación de determinadas atenuantes de la posible sanción o simplemente la apreciación de alguna excusa absolutoria. También este conocimiento profundo sobre el acusado podría servir para fundamentar procesos de casación o revisión de la sentencia penal ante el órgano pertinente.

En la práctica jurídica sucede que los abogados a veces tenemos varios casos simultáneos y debemos responder a todos con igual esmero y atención. Esta situación se complica si se tiene en cuenta de que no hay un caso igual a otro por el simple hecho de que no existen dos personas exactamente iguales. Así, algunos casos se tornan más complejos que otros y a su vez algunos clientes, dado esa misma complejidad y otros factores, son más priorizados que otros. Ante esta realidad algunos abogados no brindan la atención necesaria a sus representados y no establecen una comunicación efectiva con los mismos. Las consecuencias de esta marginación, si así pudiéramos decirlo, se manifiesta cuando en el juicio oral el cliente y todo el público presente aprecia la poca preparación y negligencia con la que los abogados abordan cuestiones relevantes referidas a la personalidad de sus defendidos. No son pocas las ocasiones en que por estas cuestiones una defensa que pudiera ser exitosa termina siendo un rotundo fracaso y deja un mal sabor a decepción e indignación en el acusado, el público presente y hasta el propio tribunal. Se recomienda entonces que desde un primer momento que establecemos contacto con nuestros clientes se estudie su personalidad y se le propicie una sensación de seguridad y confianza partiendo del análisis de los móviles que impulsaron a la comisión del delito.

Otro tema al que quisiera hacer mención es a las discrepancias entre el abogado defensor y su representado. Este es un aspecto que en mi experiencia como fiscal aprendí a observar muy bien. Cuando un fiscal se presenta en una sala de juicio oral lo primero que suele observar es la compenetración que existe entre el abogado y su representado. En dependencia de ello será el ritmo y la dureza con la que el fiscal se enfrente a la defensa, pues ello es un termómetro de la articulación de la defensa penal por parte del abogado. Aunque estas cosas no se enseñan en las aulas universitarias todos los que hemos presenciado juicios orales sabemos que un buen fiscal siempre sabrá cómo sacar ventajas de la desunión y falta de comunicación entre el abogado defensor y el acusado.[4] Por estas razones reitero la importancia de siempre hacer evidente la unidad entre el abogado y su cliente.

De todo lo antes expuesto se desprende la necesidad de que entre el abogado y el cliente exista una confianza sólida. Resulta entonces que esa es la primera gran faena a realizar: consolidar la confianza mutua. Dicha confianza puede estar instrumentada a partir del prestigio social y profesional con el que cuenta ese abogado y que ha llevado a su cliente a contratarlo a él con preferencia respecto a otros que igualmente concurren en el mercado laboral. Sin embargo, ello no es suficiente; pues se requiere, además de

---

[4] Aquí no se trata de sugerir que el fiscal y el abogado defensor sean enemigos indisolubles, sino que cada cual en su rol de representante de cada parte procesal asume o intenta asumir de la mejor manera la postura que le corresponde para con su representado.

un prestigio fundamentado en logros profesionales, establecer una buena comunicación con el cliente y, especialmente, brindarle la certeza y seguridad que éste necesita para enfrentar el proceso penal al cual ha sido sometido. Aquí no se trata de engañar al cliente y prometerle la absolución cuando sabemos que no será así sino ser realista y así mismo ser transparente con él explicándole la verdad de su situación y brindándole todo el apoyo profesional y humano necesario. De esta forma evitaremos un exceso de confianza por parte del cliente, lo cual puede ser también perjudicial para lograr efectividad en la defensa.

4. Mal ejercicio de la representación jurídica.

Según el "Diccionario de Derecho Privado" el término *representación* proviene del vocablo latino *representatio onis* que significa efecto de representar, sustituir a uno o hacer sus veces.[5]

---

[5] *Diccionario de Derecho Privado*, Tomo II. Ed Labor. Barcelona, España. 1954. P.3379. Citado por FERNÁNDEZ MARTÍNEZ, MARTA en *La Representación* (Cap.VII) en COLECTIVO DE AUTORES: *Derecho Civil*, Ed. Félix Varela, La Habana, Cuba. 2006. P.275.

Desde una acepción más amplia se comprende la representación como la autorización concedida por la ley o por la persona interesada mediante un acto jurídico, en virtud de la cual el representante tiene facultades para sustituir al representado y ocupar su lugar en cuanto sujeto de la relación jurídica.[6] Aunque la esencia de este concepto no varía en ninguna de las diferentes perspectivas en las que se aplica, en el Derecho Penal adquiere particularidades que la diferencian de la representación en las relaciones jurídicas civiles. La primera diferencia, y a la que dedicaremos nuestro análisis, es el hecho de que en materia penal la necesidad de representación se impone por ley. Por eso todo sujeto encausado procesalmente debe, desde un momento determinado del proceso penal (generalmente aplicación de medidas cautelares), designar un representante. En otros casos esta representación está establecida preceptivamente como sucede con la fiscalía que sólo por medio del fiscal y al parecer de éste se puede ejercer la acción penal. Existen excepciones como ocurre en los llamados "delitos privados" en los que la

---

[6] FERNANDEZ MARTÍNEZ, MARTA: ob. Cit. P.275.

propia víctima puede designar un abogado defensor para que la represente. Pero nótese que hacemos referencia a la imposición legal de la necesidad de designar un representante y no a la imposición legal de quién será el representante. En tal sentido la ley establece que el acusado debe ir representado por su abogado al juicio oral, por lo que éste puede designar al abogado que le resulte más conveniente y sustituirlo en cualquier momento del proceso penal. Sin embargo, de no designar ningún representante en los términos establecidos por la ley el tribunal podrá asignarle alguno en virtud de su derecho a la defensa. Aquí la interrogante se suscita en cuanto el acusado durante el transcurso del proceso penal, una vez que ya el tribunal le ha asignado un abogado de oficio, decide sustituirlo por otro abogado de oficio por considerar que éste no cumple cabalmente con su representación. También puede suceder que el abogado de oficio designado por el tribunal decide colocar en su lugar a otro abogado por considerarse que no cuenta con la preparación necesaria para ejercer la defensa de manera efectiva, aún contra la voluntad de su representado. En algunos ordenamientos esto es permitido bajo determinadas situaciones excepcionales y en otros no, pero no deja de ser una situación bastante interesante. No obstante, siempre recomiendo que el abogado no realice estas prácticas de sustitución si no es necesario debido a los inconvenientes que ello acarrea para la actividad defensiva.

El fundamento de la representación del acusado por medio de un abogado defensor está en la lógica de que el acusado no es especialista en Derecho y por eso no conoce a profundidad los fundamentos jurídicos de las normas y los actos jurídicos procesales, así como las consecuencias jurídicas de la imputación a la que se somete. De esta manera el abogado defensor viene a cubrir toda aquella ignorancia jurídica que pueda padecer el acusado. Mientras que el acusado en su testimonio en el juicio oral solamente hará alusión a cuestiones referidas al hecho mismo el abogado complementará dicha intervención con juicios de Derecho sobre las informaciones aportadas por su propio representado y los restantes sujetos intervinientes en el proceso penal. Así, el acusado se presenta en el juicio oral en igualdad de condiciones que su contraparte procesal. Este es un tema muy importante porque cuando el abogado observe que no existe esta igualdad de condiciones para ejercer debidamente la contradicción necesaria en todo proceso penal debe dar a conocer tal criterio de manera respetuosa al juez y en caso de que éste último no preste atención entonces corresponderá a la defensa exigir que quede plasmado en el acta de juicio oral la protesta correspondiente y los fundamentos de la misma para posteriormente, en su día, preparar el respectivo recurso de apelación o casación en una instancia judicial superior.

El abogado defensor obra, en tanto representante del acusado, conforme la *contemplatio dominii* que significa que puede actuar en nombre de éste (*dominus*) y también puede obrar por él (*agere nomine alieno*). El *dominus* implica que el abogado al actuar en nombre de su representado puede realizar en lugar de aquel aquellos actos en los que se requiera la personificación de éste último, pero con su consentimiento previo. Sin embargo, la *agere nomine alieno* establece que el abogado defensor también puede actuar por su representado en cuanto requiera realizar actos en beneficios de éste último sin necesidad de contar con su consentimiento. En este último caso se sobrentiende que los actos realizados por el abogado defensor sin consentimiento previo de su representado son aquellos que sin lugar a duda alguna realizaría el propio representado, de tener esa posibilidad. Entonces todo acto de representación realizado por el abogado jamás debe contradecir la voluntad de su representado, salvo que dicha voluntad implique la violación de la legalidad establecida y necesaria para el debido proceso y la preservación del orden social.

Aclarados algunos aspectos referentes a la representación jurídica estamos en condiciones de analizar cómo se manifiesta ésta en nuestra cotidianeidad. Muchas veces la representación jurídica del acusado excede sus límites y otras veces ni siquiera llega a cumplir con su objetivo básico. Con esto quiero decir que en ocasiones el abogado defensor se toma atribuciones que van más allá de la que le corresponde al realizar actos que están fuera de sus responsabilidades profesionales y otras veces prácticamente no acude a entrevistarse con su cliente o se limita simplemente a los actos exigidos por la ley en los que debe entregar algún informe o personarse para firmar algún documento. No es secreto que en ocasiones los propios clientes se quejan de la mala atención de sus representantes y la pobre defensa que estos brindan en su rol y por el que exigen grandes sumas de dinero. Aunque no lo parezca, esto deja mucho que desear y decir en el público asistente al juicio oral, pues siempre una representación jurídica que ha sido pobre y defectuosa se hecha a ver a simple vista. En tal sentido recuerdo mis años de estudiante cuando mi profesor de Derecho Procesal Penal nos llevaba en las tardes a las salas de juicio oral a observar cómo era la dinámica de los tribunales. Siempre me viene a la mente la imagen de muchas de aquellas personas del público que antes y después de iniciarse el juicio oral opinaban entre ellos sobre los abogados y sus buenas y malas representaciones. Incluso, recuerdo que muchas de estas personas asistían a las salas de juicio a ver cuál abogado les parecía mejor para solicitar sus servicios jurídicos y contratarlos posteriormente. Así comprendí desde esos momentos dos cosas muy importantes: por un lado, todo lo bueno y lo defectuoso que hace el abogado durante el proceso penal se evidencia de una forma u otra en el juicio oral; por otro lado entendí que el público no debe ser subestimado, pues siempre percibe los detalles desde un ángulo muy diferente al de los magistrados y los profesionales del Derecho, por lo que una buena o mala impresión que éste se forme se riega como pólvora entre las personas y ello puede afectar grandemente o beneficiar la reputación profesional del abogado. Por eso recomiendo también observar y tratar con cuidado este aspecto. La reputación de un abogado es como decir su "marca" y siempre lo va a anteceder a dondequiera que vaya.

Una buena representación implica una comunidad de intereses y pensamiento que se manifiestan en buena comunicación, compenetración y confianza entre abogado y cliente. No obstante, recomiendo desarrollar la representación con gran desapego hacia el representado. Aunque esto parezca contradictorio realmente no lo es. El abogado debe tener claro de que existe una línea marcada por la representación profesional que lo limita a llegar más allá de lo pretendido en su contrato con el acusado; es decir, vincularse más allá de lo profesional con éste e influir en su quehacer profesional. Personalmente he conocido de casos de abogados que se vinculan sentimentalmente, por ejemplo, con sus representados y por ellos llegan a violar la propia ley y hasta convertirse en cómplices de éstos en la comisión de delitos como falsificación de documentos o construcción de pruebas falsas o simulaciones de delitos. Todo por tal de salvar a su cliente de una pena severa. Todos estos casos, más tarde o más temprano terminan arruinando la carrera profesional del abogado. Por ello siempre se debe mantener el margen necesario entre representante y representado. Ello no quiere decir que el abogado no se apasione con su rol sino que no debe confundir la pasión profesional con el apego desmesurado a su cliente ni la obsesión con él.

5. Poca preparación en estudios complementarios al Derecho Penal.

Otra de las causas del fracaso de los abogados defensores es su poca preparación respecto a estudios complementarios al Derecho Penal. Los abogados más experimentados siempre coinciden en que no basta con saber mucho Derecho Penal y Procesal, pues casi siempre para tener una defensa penal exitosa se requiere algo más. Ello se debe, entre otras razones, a que usualmente, en correspondencia con el hecho delictivo concreto, nos encontramos ante casos que por su naturaleza requieren de conocimientos ajenos al Derecho Penal propiamente dicho. Un ejemplo, entre otros, pueden ser aquellos procesos penales por delitos contra la propiedad intelectual o contra el patrimonio. En estos casos se requiere conocimientos de determinadas especialidades artísticas y de otras ramas del Derecho como son los derechos reales y de propiedad. De igual manera sucede con todos aquellos procesos penales cuyo objeto se fundamenta en uno o varios delitos que protegen bienes jurídicos de complejo entendimiento. Con ello se quiere significar, en otras palabras, que no basta para un abogado ser un haz en materia jurídico penal sino que debe poseer también una cultura general de acuerdo a los distintos bienes jurídicos que protege el código penal vigente en su país. Ello permite al abogado fundamentar sus teorías y alegatos de manera más efectiva y, consecuentemente, contribuir a la formación de la convicción judicial. No poseer una cultura general o al menos básica sobre temas relacionados con el caso concreto limitará también, sin duda alguna, la capacidad del abogado para rebatir los medios de prueba periciales que considere perjudiciales para su estrategia defensiva. Aquí nos introducimos en un tema de obligatoria referencia, me refiero al caso de los peritos y sus informes en el juicio oral. Como es sabido, éstos son considerados testigos especiales por su alto grado de experticia sobre determinados temas sometidos a su consideración por parte del tribunal. Para un abogado es muy difícil refutar un dictamen pericial, pero no imposible si éste último contiene algún defecto. Mucho de los dictámenes periciales son fundamentados en cuestiones cuyo conocimiento e información es bastante accecible para los abogados y esto posibilita que éstos puedan adquirir un *background* de conocimientos relativos al caso concreto. Así, si se trata (por ejemplo) de un delito contra la propiedad intelectual como puede configurarse a partir del plagio de partituras musicales, el abogado debe investigar y estudiar cuestiones elementales sobre los acordes musicales y las características que califican un plagio en la academia musical. Esta información no es difícil de obtener si oportunamente se realiza un estudio e investigación al respecto; pues el resultado de la misma permitirá al abogado refutar el informe pericial y construir mejor su teoría del caso. El dictamen pericial es un tema bastante complejo y uno de los más temidos por los abogados defensores debido a la importancia que le atribuyen los jueces para formar sus convicciones judiciales y fundamentar sus fallos. No obstante, la poca preparación intelectual de muchos abogados es una de las causas de lo que muchos han dado a llamar "dictadura de los peritos".[7]

---

[7] Este tema se aborda más detalladamente en la segunda parte de esta obra. "*Consejos útiles para abogados penalistas II. Cómo impugnar un dictamen pericial criminalístico*".

6. Mala comunicación con su defendido.

Otra de las causas de los fracasos de los abogados defensores es su mala comunicación con sus defendidos. Aquí hacemos referencia ahora a la calidad de esa comunicación. Muchas veces los clientes mienten y ocultan datos relevantes a sus abogados defensores. Ello se debe a que no existe una verdadera confianza entre ellos y esta situación afecta potencialmente la instrumentación de la defensa penal. La comunicación entre el acusado y su defensor se puede ver obstaculizada por muchas razones como puede ser la ubicación distanciada entre ambos en el estrado, cuando lo lógico sería que estuvieran en contacto directo durante esa fase tan importante del proceso penal (el juicio oral). También suele suceder que la mala comunicación entre ellos deviene por parte del abogado defensor quien no conoce los métodos más idóneos para entablar una relación con su defendido o no posee las habilidades comunicacionales y psicológicas necesarias para establecer un intercambio constante, objetivo, provechoso y fluido con su cliente.

Una correcta comunicación con el abogado es muy necesaria para todo acusado porque le da confianza, tranquilidad y esperanza en su situación actual y ello, aunque no lo parezca, contribuye a su estabilidad psicológica. El abogado mientras más conozca a su defendido mejor podrá interpretar su lenguaje extraverbal e intervenir rápidamente si observa cualquier incomodidad ante determinadas preguntas o situaciones repentinas suscitadas durante el juicio oral. Por estas razones siempre recomiendo que, en lo que respecta a este punto tratado en este epígrafe, el abogado explore temas como la reacción de su representado ante determinadas circunstancias como pueden ser expresiones de dudas, inseguridad, malestar, incomodidad, ira, etc. Personalmente he conocido colegas que acostumbran a establecer un sistema de signos extraverbales con sus defendidos que les permite interpretar rápida y efectivamente su estado de ánimo o situación psicológica durante el juicio oral. Recuerdo con mucha gracia un ejemplo en el que el cliente cuando le resultaba incómoda una pregunta del fiscal debía arrascarse la barbilla como señal a su abogado defensor para que interviniera inmediatamente y le diera tiempo elaborar una respuesta adecuada para el fiscal. Esta situación y otras parecidas son muy comunes en nuestros estrados y aunque muchos juristas lo tildan de antiético no deja de ser una táctica utilizada por muchos defensores. Por otro lado se encuentran aquellos que no requieren de un sistema de señas para conocer a sus defendidos porque simplemente ya le han conocido suficientemente como para interpretar su estado psicológico a simple vista. Lo importante aquí es tener claro que tanto en un supuesto como en otro la comunicación entre el abogado y su representado es esencial para una efectiva defensa penal.

El primer acto de comunicación entre el abogado y su cliente es la presentación y la entrevista. Mediante éstas se generan las primeras impresiones cara a cara entre representado y representante y, como es lógico, se establece el primer intercambio de información. Por medio de la entrevista el abogado explora y conoce las inquietudes de su cliente; le asesora sobre la gravedad jurídica del caso en cuestión y además le emite una imagen de su profesionalidad. Aunque el cliente pueda pensar que la entrevista es informal (debido al horario, lugar y circunstancias en las que se realice) el abogado siempre debe tener muy presente que todo contacto con su representado será formal y útil para lograr de éste su confianza y obtener la información necesaria para la instrumentación de la defensa penal. En ese primer encuentro el abogado debe comprender detalladamente cuáles son los problemas que presenta su cliente y las expectativas que tiene con los servicios que le brindará. Especial relevancia tiene obtener datos como las fechas, horas, posibles testigos y nombres exactos. Siempre recomiendo dejar al cliente narrar los hechos y escucharlo atentamente sin interrumpirlo para posteriormente interrogarlo respecto aquellas particularidades y circunstancias que no se hayan comprendido bien. Desde el momento que el abogado vaya escuchando la narración de su cliente debe ir analizando la lógica de lo narrado; pues esa misma lógica será la que se expondrá en las conclusiones provisionales y sobre la que deberá debatir en el juicio oral (en dependencia de los resultados de las pruebas allí practicadas). Siempre aconsejo a mis colegas abogados que observen detenidamente aquellos momentos en los que el cliente se sobresalta, deprime o denota un cambio emocional mientras narran los hechos porque es en esa tématica donde hay que indagar más y preparar al cliente para que no cometa errores durante el interrogatorio del fiscal o el tribunal en el juicio oral.[8] Por ello insisto en realizar preguntas que permitan obtener las informaciones necesarias para hilvanar la narración primaria del hecho de manera coherente.

Las preguntas que se le realice al cliente deben ser lo más abiertas posible para que éste pueda desplegarse y dar más información. Inclusive, muchas veces este método permite al cliente recordar datos que anteriormente había obviado. Ya en la medida que avance la entrevista y se vaya requirirendo conocer particularidades se

---

[8] Desde aquí ya destaco que todas las técnicas de interrogatorio y de lectura del lenguaje extraverbal expuestas en esta obra son aplicables también a este tipo de entrevistas.

pueden ir formulando otras preguntas más cerradas.

Resulta loable recordar que las preguntas referidas a cuestiones íntimas del cliente o de fuerte carga emocional se deben revestir o adornar para evitar que nuestro representado se cohiba en la entrevista o se desestabilice emocionalmente y ello afecte el proceso de comunicación en ese momento. Al final de la entrevista se recomienda al abogado explicarle con palabras sencillas al cliente las posibilidades jurídicas que tiene para enfrentar con éxito la acusación penal y las posibles estrategias (a grandes rasgos) que pudiera seguir el defensor. Aquí lo importante es tranquilizar al cliente y hacerle sentir más seguro y confiado en que su abogado defensor hará todo lo que esté a su alcance y dentro de los marcos legales por brindarle una excelente defensa.

7. No realizar las protestas pertinentes durante el juicio oral y reclamar asentamientos de estas en el acta del juicio.

Otro de los errores muy comunes de los abogados defensores es el no realizar las protestas pertinentes durante el juicio oral. Las protestas se suscitan cuando el defensor considera que alguna intervención de algún sujeto procesal o suceso inesperado de cualquier índole quebranta las bases legales, derechos fundamentales del acusado, así como los fundamentos y el normal curso jurídico del juicio oral y el proceso en general. De esta manera, cuando las preguntas de la contraparte, por ejemplo, son capciosas, impertinentes o sugestivas el abogado defensor puede llamar la atención al respecto y solicitar la anulación de dicha pregunta o su reformulación e impedir que sea registrada en el acta del juicio oral. Las protestas conllevan a su asentamiento en dicha acta; por lo que los secretarios judiciales encargados de ésta última deben estar siempre muy atentos al respecto. Los abogados experimentados en materia de juicio oral utilizan muchas veces esta brecha de protesta que ofrece la ley para complementar sus estrategias defensivas. Un ejemplo bastante común es utilizar las protestas para interrumpir el interrogatorio de su contraparte procesal o frenar la declaración de algún testigo (aunque en algunas legislaciones se prohibe legalmente interrumpir al testigo mientras declara). Esta técnica es utilizada fundamentalmente para romper la impresión que la contraparte intenta fijar en el jurado y los jueces mediante su interrogatorio al testigo, la víctima o al acusado mismo. También se utiliza la protesta para obligar al asentamiento en el acta del juicio oral sobre determinado suceso o circunstancias que pueden servir posteriormente como justificación para iniciar un recurso de apelación o casación (según corresponda). Infelizmente muchos abogados defensores desaprovechan estas oportunidades y posteriormente no encuentran un cauce para iniciar un proceso de casación, por ejemplo, por no haber realizado en tiempo y forma la protesta pertinente conforme al principio de *preclusión procesal*. Es por estas razones que las reclamaciones o protestas durante el juicio oral son tan importantes porque con ellas el abogado puede hasta lograr la suspensión del juicio para implementar mejor su estrategia defensiva y hasta puede invalidar testimonios completos. Cuando el abogado defensor no realiza las protestas pertinentes limita grandemente el éxito de su defensa y muchas veces puede acarrear con ello "perder el caso" o no trascenderlo a procedimientos superiores como apelación, casación o revisión, entre otros.

8. Desobedecer e irrespetar al juez.

El juez es la figura más importante del juicio oral y merece por ello todo respeto. Muchas veces podemos encontrar juicios en los que surgen fuertes discusiones entre jueces y abogados defensores dejando muy mala imagen de la administración de justicia ante el público asistente. Las razones de estas controversias pueden ser varias y partir desde rencillas personales previas entre jueces y abogados hasta discordancia en criterios respecto al manejo o conducción del arbitrio judicial. Lo cierto es que generalmente estas discrepancias se suscitan por malentendidos en los que los jueces consideran que los abogados defensores se han dirigido a ellos de manera inadecuada y viceversa. No obstante, en cualquier caso, todo juez, debido a su autoridad, merece un tratatamiento adecuado y respetuoso por parte de todos los abogados y restantes sujetos intervinientes en el proceso penal. En igual sentido, todo abogado defensor merece el mayor respeto por parte de los jueces.

Ahora bien, en esta obra he incluido el tema del tratamiento inadecuado a los jueces como una causa de los fracasos de los abogados defensores porque resulta innegable que una de las estrategias utilizada por todo defensor (aunque no la más importante) es enamorar, envolver e hipnotizar al juez y/o al jurado con su carisma y los fundamentos jurídico-legales que aporta. Esto posibilita incidir emocional y sentimentalmente en ellos respecto a los elementos más subjetivos correspondientes al fallo judicial. Un ejemplo pueden ser la apreciaciones facultativas del juzgador de circunstancias agravantes o atenuantes del hecho que pueden variar el marco sancionador. La gran mayoría de los abogados defensores experimentados siempre recomiendan a los más novatos tratar y dirigirse a los jueces con mucho tacto y respeto para evitar, así y bajo cualquier circunstancia, que éste se enoje o predisponga con el abogado. De igual manera muchos profesores, ya desde los recintos universitarios, recomiendan a sus estudiantes no encarar sin razón legal justificada alguna a un juez. Personalmente y a modo de ejemplo, recuerdo que cuando recibía mis cursos de Derecho Procesal Penal en la Universidad mi profesor, experimentado juez, nos decía que debíamos recordar siempre que infelizmente quien tiene a un juez por fiscal necesita a Dios como defensor. También recuerdo cómo nos aconsejaba no encarar al juez directamente frente al público si algo nos parecía incorrecto en su gestión y, en cambio, recomendaba que ante estas circunstancias estableciéramos nuestra inconformidad respetuosamente y exigiéramos que se consignara en el acta de juicio oral para poder fundamentar posteriormente un recurso de casación por mal arbitrio judicial u otras razones. La propia experiencia laboral propició que nunca olvidara estas lecciones de mi profesores, tanto cuando me vinculé a bufetes de abogados o cuando fungí como Fiscal. Infelizmente muchos abogados asumen una postura prepotente contra los jueces cuando se les llama la atención por sus conductas inadecuadas en el estrado. Otros prefieren ignorar las recomendaciones de los magistrados, aún cuando sea el juez quien tenga toda la razón y, finalmente, existen aquellos abogados que con altos aires de autosuficiencia y soberbia rebaten argumentos jurídicos sin tener un conocimiento certero y profundo respecto al tema de discusión. En todos estos casos el propio abogado está atentando potencialmente contra el éxito y efectividad de la defensa penal.

9. Prestar poca atención a las respuestas.

En epígrafes anteriores había hecho mención de la necesidad de mantener atención a todos los detalles del juicio oral, especialmente a las respuestas de los interrogados. Saber escuchar es un arte que también cobra vigencia en el proceso penal. Los abogados defensores necesitamos de determinadas declaraciones de nuestros interrogados o de los de nuestra contraparte procesal para poder usar esas informaciones a nuestro favor durante las conclusiones finales. Muchas veces la información necesaria no la brinda el testigo aisladamente sino que se requiere interpretar conjuntamente las declaraciones de éste y otros testigos para formar íntegralmente una idea que puede ser útil para fundamentar las conclusiones finales. Por eso se debe estar bien atento a las ideas que cada interrogado intenta transmitir en sus respuestas porque en ocasiones éstas pueden ser yuxtapuestas, ilógicas o contradictorias con otras ideas expresadas en otros momentos del proceso penal por el propio testigo; especialmente si son referidas al hecho objeto del proceso.[9] También quisiera destacar que no siempre las contradicciones se manifiestan en las palabras del testigo sino en las ideas que encierran dichas palabras, aun cuando

---

[9] No obstante, siempre se debe tomar en cuenta para la fundamentación de la sentencia aquellas declaraciones que el testigo a emitido durante el juicio oral, aun cuando se contradigan con el testimonio brindado durante la fase preparatoria. Aquí la cuestión está cuando en el juicio oral el testigo es interrogado por el abogado y da un testimonio y posteriormente cuando es interrogado por el fiscal da otro testimonio contradictorio con el anterior.

éstas suenen muy armónicas y rebuscadas. Aquí deviene entonces un error muy usual entre muchos abogados defensores y es que escuchan y aprecian literalmente las palabras brindadas por los testigos sin tener en cuenta la idea que encierra cada respuesta, y aunque muchas veces esas palabras parecen ser muy coherentes no siempre las ideas que reflejan lo son. Esa es una habilidad de la que muchos abogados carecen infelizmente, pero con experiencia y mucha atención se puede desarrollar.

10. Mal uso del lenguaje extraverbal.

Por lenguaje extraverbal se comprende esencialmente todos aquellos mensajes o códigos comunicacionales que emite una persona por medio de su cuerpo y su imagen sin necesidad de usar el lenguaje verbal (la palabra hablada). Este es un tema que ha ido cobrando gran relevancia en las últimas décadas. Por medio del lenguaje extraverbal los seres humanos pueden emitir códigos comunicacionales y generar ideas e impresiones en los sujetos destinatarios de dichos mensajes. Así, desde la ropa que usamos a diario hasta nuestros ademanes, postura corporal, audiovisuales utilizados y miradas, por ejemplo, son vías de comunicación efectivas y más subliminales que el propio lenguaje verbal por incidir de manera más discreta en el subconciente de los destinatarios de dichos mensajes; pero también por crear una idea de nosotros mismos en la mente de las demás personas que nos rodean e influir en el tratamiento que éstos nos den. Muchos abogados defensores han sabido utilizar coherentemente el lenguaje extraverbal para complementar la efectividad de su comunicación durante el juicio oral e incidir de mejor manera en la subjetividad de los jueces y los jurados. Otros abogados, en cambio, no conocen estas técnicas y por dicho desconocimiento pierden una herramienta más para potencializar su incidencia sobre el juzgador. Este tema resulta loable traerlo a colación aquí por significar una de las técnicas más despreciadas (por su desconocimiento) por parte de los abogados defensores. Un correcto lenguaje extraverbal también dota al abogado defensor de mayor estética profesional y carisma ante los asistentes al juicio oral y le posibilita dejar su impronta o sello personal en la mente de todos los asistentes.

Lo primero que debe caracterizar a todo abogado defensor es su correcta vestimenta. Para ello recomiendo siempre colores fuertes y oscuros. Los colores terráqueos, el negro y el gris, por ejemplo, son muy recomendados porque en tonalidades oscuras expresan seriedad, fuerza de carácter y seguridad en sí mismos. Además, captan mayor la atención de las personas porque generan en nuestros oyentes una idea casi instantánea de experiencia vivida y conocimiento. Siempre se recomienda usar zapatos negros de cordones y no zapatos de evillas ni piezas metálicas. Recomiendo también camisas de colores enteros (nunca cuadriculadas) y preferiblemente claras. Si son blancas mucho mejor. Igualmente con las corbatas recomiendo colores fuertes. Un cabello limpio, cuidado, bien cortado y combinado con un buen afeitado o una barba o bigote cuidado ayuda mucho a generar una imagen de disciplina y constancia. Con respecto a los accesorios es muy importante lucir siempre un buen portafolio y un reloj serio y discreto porque ello sugiere también la idea de una persona disciplinada y organizada. En el caso de las mujeres se es mucho más flexible pero se recomienda, de igual modo, usar colores fuertes, un maquillaje discreto y un conjunto de ropa que no sea excesivamente provocativo para no generar la idea de que se trata de una abogada con poca preparación profesional, pero tampoco un conjunto extremadamente serio porque generaría la idea de que se trata de una abogada de mente rígida e inflexible al extremo. También recomiendo que las mujeres usen zapatos medios o altos porque ello sugiere fuerza de carácter y desdoblamiento en la mujer ante las diferentes dificultades que se puedan suscitar y sin necesidad de perder su feminidad.

Otro aspecto muy importante del lenguaje extraverbal son los ademanes. Muchas veces los abogados gesticulan mucho al hablar y ello deja sin lugar a dudas la impresión de que se trata de un abogado sin cultura profunda de lo que dice; es decir, genera la idea de que se ha aprendido sus palabras de memoria y nada más. También el exceso de ademanes provoca que las personas a las que nos dirigimos concentren su atención hacia nuestras manos y no hacia lo que decimos. Para ello siempre se recomienda no abrir mucho los brazos más allá del ancho de los hombros ni subirlos por encima de éstos o por debajo de la cintura. Un ejemplo bastante ilustrativo a seguir son los presentadores de televisión, especialmente los noticieros y otros programas informativos. El ritmo de la voz debe ser el adecuado. No conviene hablar muy rápido porque, además de no entenderse claramente, obstaculiza la recepción de la información en el subconciente de las personas a quienes dirigimos nuestras palabras. También ello genera la idea de que quien habla es una persona impaciente y con posibles trastornos psicológicos que intenta disimular. Tampoco conviene hablar demasiado lento (aunque es más preferible que el hablar muy rápido) porque la lentitud influye en la cadencia y musicalidad del lenguaje y termina aburriendo a los oyentes y desviando su atención hacia otras cuestiones ajenas a nuestro diálogo. Otro consejo de gran impotancia es la mirada. Siempre recomiendo dirigir la vista hacia la persona con la que hablamos o queremos transmitir una idea.

Ello es importantísimo porque cuando nos dirigimos al juez o a un testigo y le miramos enseguida captamos su atención. Aquí siempre recomiendo mirar fijamente a los ojos para lograr doblegar el subconciente de esa persona y dominarlo hasta lograr intimidarlo (en el mejor sentido de la palabra). Esta es una técnica muy recomendada, especialmente para los interrogatorios. Lo cierto es que si dirigimos nuestras palabras a alguien pero estamos cambiando constantemente la mirada hacia otros lugares entonces nuestro interlocutor seguirá nuestra mirada para averiguar qué es lo que miramos y eso le hará perder la concentración en la idea que intentamos transmitirle. Por último, recomiendo también tener mucho cuidado con la distancia; pues una idea gritada de lejos nunca hará el mismo efecto que una idea hablada a una distancia corta. La distancia, si es posible, debe ser de aproximadamente 150cm, pero tampoco muy cerca porque nuestro oyente se sentirá acosado o intimidado y esa situación afectará su concentración en la idea que intentamos transmitir. Claro está que por la misma estructura de los juzgados poco se puede hacer con el tema de la distancia, pero este es una recomendación que siempre que podamos aplicarla debemos tenerla en cuenta.

11. Violación de los principios del juicio oral.

Varios son los principios que rigen el jucio oral. Entre estos resaltan por su importancia *Publicidad de los debates, inmediación, concentración y continuidad, oralidad, contradicción* e *identidad física del juez*.

La publicidad de los debates, tal y como se infiere de su nominación, establece que los debates deben ser públicos, por lo que cualquier persona puede asistir a ellos y observar las distintas reflexiones que las partes realizan respecto a los medios de prueba practicados. A veces, por razones de seguridad estatal, moralidad, orden público o el respeto debido a la persona ofendida por el delito o a sus familiares, la ley establece excepciones a este principio y posibilita la secretividad total o parcial del juicio oral si así el tribunal lo determina. También las partes pueden solicitar dicha secretividad al tribunal si las razones lo ameritan.

El abogado defensor debe prestar mucha atención a este principio porque muchas veces es violado y ni siquiera somos concientes de ello. En ocasiones el Tribunal, sin fundamento alguno en las causales que establece la ley, decide celebrar el juicio a puertas cerradas; o de manera injustificada, limita el acceso del público a la sala de audiencia; o sin razón legítima, impide que determinadas personas por su aspecto o apariencia presencien el juicio; o ante el temor infundado de posibles perturbaciones del orden, reduce el auditorio limitando las capacidades de la sala injustificadamente; o prohíbe la entrada o salida del público, una vez comenzado el juicio.[10] Es entonces que los abogados defensores, por temor a la reacción del tribunal y otras razones, deciden dejar pasar por alto una falta que puede acarrear nefastas consecuencias para la defensa penal. Por ello se recomienda siempre realizar la

---

[10] Los ejemplos citados han sido tomado de RIVERO GARCÍA, DANILO, y PÉREZ PÉREZ, PEDRO A.: *El Juicio Oral*. Ediciones ONBC, La Habana, Cuba. 2002. P. 11.

protesta pertinente y exigir que consten los fundamentos de la misma en el acta del juicio oral para posteriormente fundamentar un recurso de apelación o casación según corresponda.

Otro tema bastante discutido, en lo que corresponde a la publicidad de los debates, es la inserción en el juicio oral de elementos fílmicos u otro tipo de grabaciones, así como la asistencia de los medios de comunicación masiva. Al respecto muchos especialistas consideran que por medio de la comunicación masiva de lo acontecido en el juicio oral se puede informar a un público mayor y garantizar mejor el control popular. De esta manera se lograría evitar arbitrariedades por parte del tribunal y aumentar la confianza social en el sistema de justicia. Lo cierto es que en ocasiones a la defensa no le resulta conveniente la publicidad masiva del caso debido a que por las características de éste el tribunal puede verse influenciado por la opinión pública a dictaminar de una manera; inclusive hasta recibir amenazas de muerte para ellos o algunos miembros de su familia. En tal sentido, siempre recomiendo a los abogados utilizar alegatos muy efectivos y fundamentados en cuestiones propiamente criminológicas tales como que la publicidad masiva del debate arremete contra el principio de presunción de inocencia, ya que el acusado es sometido a un cuestionamiento público. Además, tal cuestionamiento afectará la reincersción de éste en la sociedad en caso de que fuera condenado finalmente y posibilitará consecuentemente un estigma social hacia él porque aspectos de su vida y otras cuestiones de su intimidad pueden quedar expuestos ante los medios.

Por su parte, el principio de inmediación establece la relación personal, directa e ininterrumpida del Tribunal, con el acusado y los órganos y fuentes de prueba. El Tribunal, por sí mismo, observa y obtiene sus conclusiones de cada elemento de prueba.[11]

A veces el tribunal, sin existir razones realmente impeditivas (fallecimiento o abandono del país del testigo, por ejemplo), sustituye la comparecencia de testigos o peritos en el juicio por la lectura de

---

[11] Ibídem. P. 7

los documentos donde constan los testimonios o informes, respectivamente. También suele suceder que el tribunal examine al instructor de la policía sobre lo que le informó la víctima o un testigo presencial del hecho en la fase de investigación, en vez de escucharlos directamente. Otro ejemplo de violación de este principio es aquel en el que en el curso de la audiencia, un miembro del tribunal abandona la sala por breve tiempo, duerme, o se distrae durante un período prolongado (aquí se viola además el principio de identidad física del juez) o cuando el Tribunal utiliza sus conocimientos privados para dictar la sentencia (uno de los jueces inspecciona el lugar de los hechos en forma privada o pide informaciones complementarias al investigador del caso o a un perito por vía telefónica).[12] Estas situaciones son inconvenientes para la defensa penal en cuanto obligan al juez a formarse una convicción de los hechos a partir de las ideas y juicios de otras personas que sí examinaron las pruebas personalmente, por lo que muchas veces estos

---

[12] Todos estos ejemplos han sido tomados de RIVERO GARCÍA, DANILO: ob. Cit. P.8

juicios e ideas pueden ser erróneos. En el caso de que el tribunal haya examinado personalmente la prueba y utiliza sus conocimientos privados para dictar su fallo se estaría limitando también el derecho del acusado a contradecir la imputación y a ser vencido en juicio con las garantías legales establecidas ya que el abogado defensor no tendría como introducir sus argumentos y reflexiones respecto a la prueba que el juez ha apreciado, examinado y valorado de forma privada en el momento de ese examen.

En lo que respecta a los principios de concentración y continuidad, el primero se entiende como la mayor aproximación temporal posible entre el inicio del juicio oral y la discusión de la sentencia, mientras que el segundo (continuidad) establece la necesaria secuencia del juicio oral de manera ininterrumpida, al menos que la pausa sea debidamente fundamentada conforme a la ley y por un corto lapso de tiempo. Estos principios son violados generalmente cuando el juicio es suspendido reiteradas veces creando una pausa prolongada de hasta tres meses en muchos casos o cuando la víctima o testigos esenciales no comparecen a la audiencia y por ello se requiere repetidamente la suspensión de los juicios orales. También puede suceder que el tribunal *ad quem* anule la sentencia del tribunal *ad quo* con efectos extensivos hacia todo el juicio oral porque faltó la práctica de algún peritaje relevante y el tribunal inferior decida solamente practicar la prueba señalada sin reiniciar el juicio oral. Peor es el caso en el que el tribunal inferior decide reiniciar el juicio completo pero con los mismos jueces que participaron en el juicio anterior, lo cual coloca en estado de indefensión al acusado y en una posición incómoda al abogado defensor. Lo ideal y lógico sería que se designaran nuevos jueces para celebrar el juicio oral reiniciado. Ante esta situación el abogado debe recusar a los jueces fundamentando jurídica y legalmente la idea antes planteada. Otro ejemplo bastante común es cuando las partes violan el principio de preclusión y no realizan las diligencias o entregan documentos en el tiempo requerido y el tribunal suspende el juicio oral por un periodo muy prolongado.

Otro principio que analizaremos aquí por su importancia para la defensa penal en el juicio oral es precisamente la oralidad. La oralidad es comprendida como la obligación y necesidad de utilizar la oratoria como forma de comunicación fundamental durante el juicio oral (de ahí el nombre de esta fase). En esta etapa no queda totalmente excluida la escritura, pues la ley generalmente regula algunas situaciones excepcionales en las que se faculta al tribunal por voluntad propia o solicitud de las partes para establecer comunicaciones mediante la palabra escrita. No obstante, existen casos en los que se viola este principio y se vulnera la situación del acusado y la efectividad de su defensa. Entre estos casos podemos citar, a modo de ejemplo, aquellos en los que el testigo declara leyendo memoriales o se efectúa la lectura de actas que contienen declaraciones sumariales, convirtiendo así el juicio oral en un *juicio leído*. También queda en evidencia esta vulneración al principio de oralidad cuando los participantes responden a las preguntas del Presidente del tribunal mediante gestos.

Por último haré referencia a dos de los principios restantes del juicio oral: la contradicción y la identidad física del juez. En lo que respecta a la contradicción dedicaré un epígrafe completo en el siguiente capítulo, por lo que no lo abordaré aquí y más bien me centraré en el segundo de ellos: La identidad física del juez.

La identidad física del juez es un principio cardinal en el proceso penal y exige que el tribunal esté integrado desde sus inicios por los mismos jueces hasta que se dicte la sentencia que dé fin al proceso. Por ello los jueces son irreemplazables. También los jueces deben examinar personalmente los elementos de pruebas que se introduzcan en el juicio oral. Suele suceder que en ocasiones se sustituye un juez por otro por razones injustificadas legalmente o se toma en cuenta las consideraciones de un juez ajeno al proceso correspondiente. Esta situación influye negativamente en los efectos de la estrategia defensiva del abogado ya que el juez sustituto nunca podrá recibir la misma influencia que el juez anterior y por ello se complejiza y se vicia el proceso de formación de la convicción judicial.

En este ejemplo de violación de los principios que rigen el juicio oral y en los restantes ejemplos citados en esta obra queda en evidencia la volatividad de la estrategia defensiva del abogado para con su representado, ya que muchas veces los fracasos de su representación no dependen siquiera de su excelencia profesional. Infelizmente existen leyes procesales que no regulan la posibilidad de iniciar un proceso de casación por la vulneración de alguno de estos principios aquí tratados. Lo cierto es que en todos estos casos y otros que pudieran sucitarse el abogado puede ver muy afectada su estrategia y el acusado puede ver vulnerada su capacidad defensiva y sus derechos. Por ello recomiendo, independientemente de la efectividad legal que pueda tener o no, que se proteste y se exija que se plasme en el acta de juicio oral los fundamentos de la protesta basados en el irrespeto de los principios rectores aquí tratados.

12. Desconocimiento de la función social del abogado defensor.

Una de las causas por las cuales los abogados defensores pierden sus casos ante el estrado (si así pudiéramos decirlo) se debe, entre otras razones, al poco conocimiento de nuestra función social. El abogado *per se* es una figura nacida de la necesidad de garantizar los derechos más esenciales y hasta vitales de los acusados. Esta razón torna al abogado defensor en un sujeto esencial para la transparencia del proceso penal y ello lo ubica inmediatamente en una posición privilegiada dentro del mismo. Con esto se quiere decir que un abogado defensor es más que un simple participante en el proceso penal y esta posición resulta muy beneficiosa para la defensa penal si es aprovechada oportuna y adecuadamente.[13]

En ocasiones el fracaso de la defensa penal se debe también al desconocimiento de su importancia y necesidad por parte de los operadores del Derecho y, en especial de los jueces. No es secreto que en ocasiones los abogados culminan sus defensas con un gran disgusto debido al maltrato o abuso de poder de algunos magistrados. Ello se debe muchas veces a la incomprensión de los alegatos o insistencia del abogado por defender férreamente al acusado

---

[13] De estos aspectos profundizaremos más en el tercer capítulo de esta obra.

en procesos penales muy complejos por su objeto concreto. Aquí lo importante es tener en cuenta de que todo abogado penalista debe tener muy claro su misión y evitar por todos los medios posibles que el público presente y los intervinientes en el proceso penal olviden dicha función social y su necesidad; pues ello es lo que permitirá al abogado desplegarse libremente en el ejercicio de sus funciones sin más límites que los principios jurídicos y la propia ley.

13.Incorrecta instrumentación del informe final.

El informe final es el espacio mediante el cual el abogado eleva a definitivas sus conclusiones provisionales manteniéndolas o modificándolas conforme al resultado de las pruebas practicadas durante el juicio oral. Es por estas razones que los informes orales también son conocidos en gran parte de América Latina como "conclusiones definitivas". GIMENO SENDRA plantea que "[...] las conclusiones definitivas constituyen, pues, actos de postulación mediante los cuales las partes deducen definitivamente sus respectivas pretensiones con arreglo al resultado de la prueba y sin que puedan modificar su contenido esencial".[14] En igual sentido para FENECH la denominada calificación definitiva es "[...]el acto simple en el que, recogiendo el material proporcionado por las pruebas practicadas en el juicio oral, se modifique o confirme el contenido de la calificación provisional. Son, como estas, de acusación y de defensa [...]".[15]

De estas definiciones se infiere que el informe final es uno de los momentos cruciales de toda defensa penal, por lo que debe estar muy bien estructurado y el abogado defensor debe enfocarse mucho en ello. Este es el único periodo en el que el abogado es el centro exclusivo de la atención del juez y todo lo que haga influirá directamente en la convicción judicial. En entrevistas que he tenido la oportunidad de realizarle a varios jueces todos plantean que en los informes finales siempre esperan a que el

---

[14] Gimeno Sendra, Vicente y otros: *Derecho procesal. Proceso penal,* Ed. Tirant Lo Blanch, Valencia, España. 1993 P.457.
[15] Fenech, Miguel: *Derecho Procesal Penal*, t. I, Ed. Labor, Barcelona, 1960, España. vol. I, p. 559.

abogado defensor destaque elementos y reflexiones que quizás hayan pasado por alto durante el juicio oral y, especialmente, que aporten puntos de vistas que puedan enriquecer o cambiar la convicción que hasta ese momento el juez se ha ido formando. De esto se infiere y confirma que el informe final es la última oportunidad que tiene el abogado para influir en la convicción judicial. Infelizmente, a veces los abogados confunden cantidad con calidad y piensan que porque hablen mucho garantizan una excelente defensa y no es así. Los jueces generalmente aborrecen los informes finales prolongados en los que se habla mucho y se dice poco. Por estas razones el abogado debe seleccionar las ideas claves y de manera concisa plantearlas objetivamente durante sus conclusiones definitivas para no perder la atención del juzgador y aburrirlo. Se debe tener muy presente que los jueces intentan fundamentar sus fallos sobre la base de pruebas practicadas en el juicio oral y mantienen al margen todos los razonamientos carentes de fundamentos probatorios. He aquí otro de los errores muy comunes en el gremio y es que los abogados a veces plantean en sus informes finales muchas ideas, opiniones, suposiciones e impresiones en lugar de fundamentarse en los resultados de las pruebas practicadas en el juicio oral. Este es un aspecto que debe trabajarse con mucha cautela. Siempre acostumbro a recordarle a los estudiantes que el informe final no se trata de opinar o describir impresiones o sentimientos sino a exponer evidencias y análisis fundamentados en ellas que posibiliten al juez completar su convicción y lo persuadan para fallar en favor de nuestra propuesta como parte procesal.

Otro de los errores en los que incurren muchos letrados es la lectura de los informes lo cual afecta grandemente el contacto visual con el juez y la efectividad del lenguaje extraverbal. Por eso sugiero siempre establecer esquemas, ya sean mentales o en pequeñas tarjetas improvisadas, que permitan mantener de manera intermitente el contacto visual con el juez y los restantes asistentes a la sala de juicio oral. En mi experiencia personal siempre he acostumbrado a llevar tarjetas en blanco que en la medida que va transcurriendo el juicio oral voy rellenando con las ideas esenciales que posteriormente expondré en el informe final. Así, de igual manera, recomiendo esta técnica. Igualmente aconsejo que antes de cerrar el informe final se recapitulen a modo de resumen las ideas esenciales que se trataron en el informe. Aquí no se trata de repetirlas sino de hacer una mención (preferiblemente sin enumerarlas) de estas ideas.[16] Ello es relevante porque esa última recapitulación antes de conclcuir el juicio oral y los jueces retirarse a deliberar quedará grabada en sus mentes como ninguna otra intervención antes hecha (esto es a lo que en la práctica procesal anglosajona los abogados llaman efecto campana). También recomiendo a los abogados no mencionar durante los informes finales los altercados que hayan podido tener con los jueces ni las protestas realizadas por acciones de los jueces con las que no se estuvo de acuerdo, pues ya ellas han quedado plasmadas en el acta del juicio oral. Esto

---

[16] Cuando se enumera o se establecen las ideas en orden de " en primer lugar, en segundo lugar, en tercer lugar, etc" el juez puede percibir esas ideas enumeradas en su subconciente como una imposición o reto a su autoridad. Por eso se recomienda usar tperminos como "en resumen...", " a modo de recapitulación....", etc.

es bien importante porque si lo que intentamos es persuadir al juez si le recordamos los momentos de tensión que pudo haber sufrido durante el juicio oral puede sugestionarlo y afectar su subjetividad hacia nosotros.

Sólo me resta reiterar que la efectividad de la defensa penal se resume en los informes finales y, a su vez, la efectividad de éstos depende solamente del abogado defensor.

Bibliografía

- AGUILERA DE PAZ, ENRIQUE. *Comentarios a la Ley de Enjuiciamiento Criminal.* Madrid: Hijos de Reus Editores 1914Tomo V.
- CARNELUTTI, FRANCISCO. *Lecciones sobre el proceso Penal.* Buenos Aires. Ediciones Jurídicas Europa-America 1950 Bosch y Cia.
- DOHRING, ERICK. *La prueba, su práctica y apreciación.* Divulgación jurídica No 4 y 5, La Habana: Ediciones MINJUS 1985.
- ESCUSOL BARRA, ELADIO. *Manual de Derecho Procesal Penal.* Madrid: Editorial Colex, 1993.
- FENECH MIGUEL. *Derecho Procesal Penal.* Barcelona. Editorial Labor S.A, 1960 Tomo I.
- FENECH MIGUEL. *Derecho Procesal Penal.* Barcelona. Editorial Labor SA, 1960 Tomo II.
- GIMENO SENDRA, VICENTE y otros. *Lecciones de Derecho Procesal Penal.* Primera Edición 2001, Editorial Colex.
- MAIER, JULIO BJ. *Derecho Procesal Penal Tomo I, Volumen B. Edición Hammurabi. Buenos Aires SRL 1989.*

- MUÑOZ CONDE, FRANCISCO. *Búsqueda de la verdad en el Proceso Penal*. Buenos Aires. Editorial Hammurabi, Volumen I.
- MUERZA ESPARZA, JULIO J. *El Proceso Penal Abreviado. Navarra. Editorial Arazandi 2002.*Paz
- RUBIO JOSÉ MARÍA y otros. *La prueba en el proceso Penal, su practica ante los Tribunales.* Editorial Colex 1999.
- PEDRAZ PENALVA ERNESTO. *Derecho Procesal Penal. Tomo I.* Madrid Editorial Colex 2000.
- *RAMOS* MENDEZ, FRANCISCO: *El Proceso Penal:* Edición JM Bosch. Editor-2000. Tironilionio SL. Ronda Universidad, 11. 08007 Barcelona.
- RIVES SERVA, ANTONIO PABLO. *La Prueba en el Proceso Penal. Doctrina de la Sala Segunda del Tribunal Supremo,* tercera Edición, Pamplona Editorial Arazandi.
- RIVERO GARCÍA, DANILO, y otros. *El Juicio Oral.* Ediciones ONBC, 2002.
- VIADA LÓPEZ- PERIGCERNES, CARLOS. *Lecturas de Derecho Procesal Penal para jueces.*Tomo II Madrid.

- BERTOT YERO MARIA CARIDAD. *La Sentencia Penal.* Tesis de Grado Especialista- Noviembre 2000.
- BODES TORRES, JORGE y otros. *La prueba en el acto del Juicio Oral y sus valoraciones.*
- HERNÁNDEZ DE LA TORRE, RAFAEL. *La Ciencia Criminalista.* Universidad de La Habana. Facultad de Derecho 2002.
- RODRÍGUEZ LÓPEZ LAURA. *La declaración del testigo en el juicio Oral.Critica del testimonio.* Trabajo de Diploma, Universidad de l La Habana 2001.
- ALVAREZ CONDE, ENRIQUE. *Algunas consideraciones sobre la posición constitucional del Poder Judicial, en AA.VV.* El Poder Judicial. 1997
- GOLDSCHMIDT*, Problemas jurídicos y políticos del proceso.* Barcelona.1935
- GIMENO SENDRA y otros. *Derecho Procesal. Tomo II. 4ta Edición. Tirant lo blanch. Valencia.1992*
- HERRERA AÑEZ, WILLIAN. *Introducción al Derecho Procesal.* Editorial Universitaria. Bolivia.1998___Las Constituciones de Iberoamérica. Edición preparada por Luis

López Guerra y Luis Aguiar de Luque para el Ilustre Colegio de Abogados de Madrid. 1998. Libro Blanco de La Justicia. Consejo General del Poder Judicial.Madrid. 1997.

- LLOBET RODRÍGUEZ, JAVIER. *Proceso Penal Comentado. Universidad para la cooperación internacional.Costa Rica .*1998 Ley Estatutaria de la Administración de Justicia y Revisión Constitucional. Asociación Nacional de Abogados Litigantes. Volumen !. Andal Editores.1996

- MARTÍNEZ DALMAU, RUBÉN: *Aspectos Constitucionales del Ministerio Fiscal. Tirant lo blanch.* España. 1999

- MARTIN PALLIN, JOSÉ ANTONIO. *El Ministerio Fiscal a la búsqueda de la legalidad y de los intereses generales, en AA.VV.* El Poder Judicial. Madrid, Dirección General de lo Contencioso-Instituto de Estudios Fiscales.1983.

- MAIER, JULIO B. J. *El Ministerio Público en el proceso de Reforma en América Latina,* en Revista Latinoamericana de política criminal. Pena y Estado. Ministerio Público. Año 2 número 2.Editores del Puerto. Argentina

1997. Manual del Fiscal.Ministerio Público de la República de Guatemala. Publicación por la unidad conjunta.

- MINUGUA\PNUD.*1996 Nuevas Formas de Resolución de Conflictos y el Rol del abogado.* Seminario Internacional. Editorial eudeba. La Habana. 1994

- PRIETO MORALES, ALDO. *Derecho Procesal Penal. Ministerio de Educación Superior. Ediciones ENSPES. La Habana. 1982 Revista Latinoamericana de Política Criminal. Pena y Estado. Ministerio Público. Año 2 número 2. Editores del Puerto.1997. Revista de la Asociación de Ciencias Penales de Costa Rica. Ciencias Penales. Diciembre 1998. Año 10, No 15.. Revista de la Asociación de Ciencias Penales de Costa Rica. Ciencias Penales. Mayo de 199. Año 11, no 16. Revista Cubana de Derecho. No 11. 1996.*

- RUSCONI, MAXIMILIANO A. *Luces y sombras en la relación "política criminal- Ministerio Público.* Seminario sobre el Proceso Penal. Argentina .1991.

- RUBIANES, CARLOS, *Derecho Procesal Penal. Tomo I. Editorial Astrea. Buenos Aires. 1983.*

- BODES TORRES, JORGE. *La detención y el aseguramiento del acusado en Cuba.* 2ª edición actualizada, Editorial de Ciencias Sociales, 1996, La Habana (Cuba).

- GARRIDO LUGO, JORGE LUIS y ROQUE TARAFA, ELIO ARMENTERO. *Breve historia de la criminalística en Cuba.* Tesis de Grado, inédita, Universidad de la Habana, Cuba, 1986.

- HERNÁNDEZ BLAIN, PEDRO. *El trabajo del jefe de sector. Instituto Superior del Ministerio del Interior,* La Habana (Cuba), sin fecha. MINISTERIO DE JUSTICIA. Ley de los Delitos Militares. Ley Nº 22 de 15 de febrero de 1979. 1979, La Habana (Cuba), 1979. Ley Nº 6 Procesal Penal Militar de 6 Agosto de 1977. La Habana (Cuba),1979.

- NÚÑEZ Y NÚÑEZ, EDUARDO RAFAEL. *Ley de Enjuiciamiento Criminal. Anotada y concordada con jurisprudencia.* Cultural S.A., La Habana (Cuba), 1936.

- REGALADO, FERNÁNDEZ PÉREZ, AMARO POTTS. *Ley de Procedimiento Penal. Anotada y concordada.* Editorial Si - Mar S.A., La Habana(Cuba), 1997.

- VALDÉS, TERESA y ETCHEVERRY VÁZQUEZ, PEDRO. *Una revolución en el pensamiento técnico-operativo de la PNR.* Ciencia y Tecnología, 40 aniversario del Ministerio del Interior, La Habana (Cuba), junio de 2001.
- ZEQUEIRA ANGARICA, AMADA. *Estudio del derecho de defensa para su ampliación en la ley procesal cubana* Trabajo de Investigación, inédito, Universidad Central de Las Villas .Martha Abreu., Cienfuegos (Cuba), 2001.
- ASENCIO MELLADO, JOSÉ A. *Derecho Procesal Penal,* ed. Tirant. Lo Blanch, Valencia. 1998.
- ALDASORO VELAZCO, HECTOR FRANCISCO. *"Hacia una defensoría de oficio de los derechos de la víctima",* en: *Criminalia.* Revista de la Academia Mexicana de Ciencias Penales. Año LVI No. 1-12 México, D.F. Editorial Porrúa S.A. 1990. pág. 59 y SS.
- BARATA, A. *Requisitos Mínimos del Respeto de los Derechos Humanos en la Ley Penal.* Revista Nuevo Foro Penal, No.34. 1986.
- BOLIVIA LIGIA y otros. *Estudios Básicos de derechos Humanos,* Primera Edición, San José, 1996.

- CARRANZA, ELÍAS. *"Política Criminal para el presente momento regional",* en: *Revista Documentos Penales y Criminológicos* No.1, Managua, Nicaragua, 1993, págs. 9-14. Diccionario Salvat. Enciclopedia Popular Ilustrada, pág. 907.

Tema II: Algunos principios procesales y cuestiones esenciales de necesario conocimiento para una efectiva defensa penal.

Sumario:

*Introducción referente a la participación del abogado en la fase intermedia del proceso penal. 1.Algunos principios rectores del proceso penal. 2.Principio de legalidad de los delitos y las penas. 3. La carga de la prueba. 4.La Búsqueda de la Verdad Material u Objetividad. 5. Indubio pro reo. 6. Principio de presunción de inocencia. 7. Principio de igualdad de las partes en el proceso penal. 8. Principio de contradicción. 8.1. El derecho a la defensa.9. principio de congruencia. 10. principio de la sana crítica. 11. Principio de Correlación entre la imputación y la sentencia. 12. Non reformatio in peius. 13. principio de preclusión procesal.

Introducción referente a la participación del abogado en la fase intermedia del proceso penal.

Para comprender la vigencia y dinámica de los principios procesales en el proceso penal, especialmente en el juicio oral, se requiere un *back ground* doctrinario que sirva de introducción al tema en cuestión. Ello se debe a que en la fase intermedia del proceso penal el abogado defensor juega un papel esencial porque es aquí donde delimita, desde su posición de parte procesal, las pautas que regirán de alguna forma el juicio oral y fijarán el carácter de la sentencia penal. Consecuentemente, un error cometido en esta etapa pudiera arrastrarse a lo largo de todo el juicio oral e influir en los resultados del proceso. Es por estas razones que dedicaré algunas líneas al análisis de la participación de los abogados defensores en este periodo procesal y brindaré humildemente algunas recomendaciones. Antes de iniciar a abordar el tema en cuestión se debe destacar el hecho de que no todos los ordenamientos jurídicos regulan la fase intermedia del proceso penal de igual manera, inclusive algunas leyes procesales la reconocen y delimitan mientras que otras no. Debido a estas razones solamente me centraré en aquellos aspectos que resultan comunes a todas nuestras leyes latinoamericanas y a la Ley de Enjuiciamiento Criminal Española.

La actividad del abogado defensor no se limita a la fase de instrucción. Resulta, como decimos algunos, que quizás sea en la fase intermedia donde más se necesita una buena defensa técnica, precisamente por los conocimientos técnico-jurídicos requeridos para la implementación efectiva de los actos procesales que conforman esta etapa procesal.

Una vez formalizada la acusación penal y admitida por el tribunal le son entregadas al abogado designado previamente dichas conclusiones acusatorias del fiscal conjuntamente con el expediente de fase preparatoria. Éste, en el plazo de días establecido en la ley, debe formular sus conclusiones provisionales y es con su entrega formal al tribunal que se traba el debate penal. En el caso de que el acusado o tercero civilmente responsable no hubiera designado abogado defensor se le concede un término de tiempo para designar a uno bajo apercibimiento de que si no hace uso de ese derecho se le nombrará defensor de oficio. Evidentemente es en este momento que el abogado de oficio puede realizar su trabajo, que no difiere en aspecto alguno de los derechos que adquiere el letrado designado por convenio de servicios jurídicos (contratos).

El despacho de la causa se realiza durante un plazo de días establecidos en la ley para que el abogado defensor evacúe sus conclusiones provisionales. El abogado al despachar la causa debe consignar los aspectos más importantes de la misma, no en forma de notas dispersas o con abreviaturas, sino que cuidará que sea de forma ordenada, legible y preferiblemente a máquina. Esto lo puede realizar dividiendo imaginariamente la hoja en el centro, escribiendo en la parte izquierda la información extraída de la causa, quedando la parte derecha de la hoja libre para realizar las anotaciones más importantes. Independientemente del método que se utilice, debe expresarse la foja del expediente en que obran las anotaciones o los documentos y agruparlos sin mezclar unos datos con otros. Siempre recomiendo a los abogados defensores no copiar textualmente las declaraciones o los documentos que aparecen en la causa, a no ser que su importancia así lo amerite y, de igual manera, evacuar el despacho de la causa dentro del término legal; pues nunca se debe acortar este término en perjuicio de la calidad de este trámite y de los legítimos intereses de los acusados.

Generalmente en cualquier estado de la fase preparatoria, el abogado defensor puede solicitar del instructor la remisión del expediente al fiscal si estima que existen elementos demostrativos de la prescripción de la acción penal, la existencia de algún dictamen de amnistía del delito denunciado, el fallecimiento del acusado (excepto que exista responsabilidad penal de otras personas) o se haya dictado sentencia firme o sobreseimiento libre en un proceso referente al mismo hecho y con relación a las mismas personas. Este precepto responde a una cuestión de economía procesal y celeridad, pues la intervención del defensor con estas demostraciones ahorraría mucho trabajo al instructor y agilizaría el proceso. La regla general y por la cual sí interviene física y directamente el abogado defensor es la posibilidad de interponer los artículos de previo y especial pronunciamiento en los primeros días del término que se le concede por la ley para evacuar las conclusiones. En este sentido deben acompañar al escrito los documentos concernientes a su derecho o al menos señalar el archivo donde consten, solicitando al tribunal que sean reclamadas. Es necesario aclarar que en estos incidentes generalmente no es admisible la prueba testifical. Si es aceptado el incidente propuesto se suspenderán las actividades relativas al juicio hasta tanto sea resuelto por el tribunal.

Transcurrido el término de prueba el tribunal señala el día para la vista, si ésta fue solicitada por cualquiera de las partes en el escrito de promoción. En la misma recomiendo al defensor informar aquellas cuestiones que considere importante para el beneficio de su defendido o que reafirmen las ya planteadas si él fue quien presentó el artículo de previo y especial pronunciamiento. En este último caso se le concederá primero la palabra al Defensor y posteriormente al fiscal. Posteriormente el tribunal dicta auto resolviendo el artículo interpuesto y si no fue solicitada la celebración de la vista, el tribunal dictará de inmediato el auto resolviendo la cuestión propuesta.

Ahora bien, si el tribunal estima las excepciones que establezca la Ley de procedimiento penal el defensor puede interponer el recurso de casación ante el Tribunal Supremo. Si en cambio desestima estas excepciones planteadas por el defensor éste no podrá interponer recurso alguno ya que la ley le concede el derecho de reproducirlas al formular las conclusiones provisionales dentro del resto del término concedido para evacuarlas para su decisión en la sentencia definitiva.

Por otro lado, si el tribunal desestima las excepciones de falta de autorización para proceder o la falta de denuncia de la persona legitimada, propuesta por el defensor, podrá éste interponer un recurso de súplica o de otra índole (según el ordenamiento jurídico de que se trate) ante el Pleno del Tribunal Supremo correspondiente o ante la sección especial si se tratara del propio tribunal.

En cuanto a la declinatoria de la Jurisdicción, la ley casi siempre le concede a las partes el derecho de interponer el recurso de casación, tanto si es desestimada o estimada la excepción por el tribunal.

Una vez despachada la causa, si no procediera el artículo de previo y especial pronunciamiento o aún interpuesto hubiera sido desestimado por el tribunal, el defensor debe formular las conclusiones provisionales numeradas y correlativas a las de la acusación. En cuanto a los hechos deberá describirlos con la mayor claridad y precisión de modo que se puedan apreciar las condiciones en que ocurrieron, las características personales del acusado y la posible existencia de circunstancias eximentes o modificativas de la responsabilidad penal o disminuyentes de la sanción. Su redacción correcta tiene una gran importancia ya que el tribunal al dictar sentencia lo hará basándose precisamente, como ya hemos visto en este epígrafe, en los hechos, y de los mismos dependen los demás puntos de las conclusiones. En lo referido a su calificación debe expresar claramente el delito integrado y el precepto del código penal que le es aplicable. En las terceras de las conclusiones hará constar el grado de participación de su representado, ya sea autor o cómplice. En la cuarta de las conclusiones manifestará las circunstancias atenuantes o eximentes de la responsabilidad penal que se deriven de los hechos redactados en la primera. De no plantear el abogado estas circunstancias el tribunal no está obligado a analizarlas y resolverlas en su sentencia definitiva. En la quinta de las conclusiones debe la defensa proponer el fallo de acuerdo con lo manifestado anteriormente. En párrafo aparte debe el abogado defensor fundamentar al tribunal en qué consiste la responsabilidad civil de su representado derivada de la responsabilidad penal aceptada o en caso contrario solicitar la absolución.

Las conclusiones provisionales de la defensa

deben contener, además, las pruebas de que intente valerse. En este sentido se pedirá que se aprecie la documental que consta en el expediente de fase preparatoria, señalando sus fojas, las listas de testigos con sus nombres y direcciones para que puedan ser citados y la prueba pericial que corresponda. Así mismo debe evitarse la viciada práctica de que el abogado hace suya las pruebas del fiscal sin fundamentarlas correctamente, ya que esto conspira contra los intereses de su representado y puede llegar a empeorar su situación.

Por último el defensor puede pedir en OTROSI la modificación de la medida cautelar al tribunal si el acusado se encuentra en prisión provisional y si fuera procedente tal petición. Es importante que en la medida que se redacten los hechos y se consignen las pruebas a practicar en el juicio oral, se expresen las fojas en que se encuentren dichas actuaciones.

Si el Abogado defensor actúa conforme a lo expuesto anteriormente obligará al tribunal a resolver en la sentencia todas aquellas cuestiones que hayan sido objeto del juicio conforme al principio de congruencia (que estudiaremos más adelante en esta obra) y a exponer en la misma los motivos por los cuales acepta o rechaza las pruebas, debiendo fundamentar su convicción.

De ninguna forma puede el defensor formular sus conclusiones negándolas simplemente, como antiguamente se acostumbraba a hacer por algunos abogados. Considero que esta interpretación es incorrecta porque la propia ley siempre lo dispone al exigirle al fiscal que sus conclusiones deben ser precisas y numeradas debiendo expresar como ocurren los hechos y el resto de los aspectos que la ley determina. En adición, cuando el defensor no cumple con este requisito no puede interponer posteriormente un recurso de casación por quebrantamiento de forma debido a que no puede alegarse que no se han resuelto los puntos que hayan sido objeto de la defensa al no haberse propuesto ninguno en el trámite de contestación de las conclusiones de la acusación. El defensor no puede en sus conclusiones ni cuando interviene en el juicio oral reconocer culpable al acusado cuando éste niegue su responsabilidad y organizar la defensa sólo calificando el delito, emitiendo su criterio acerca de la medida de castigo. Su obligación se encuentra, en este caso, en exponer con lealtad el punto de vista de su defendido y estar sujeto a la posición del acusado, pues de otra manera lo dejaría sin defensa y pasaría al lado de la acusación. No obstante, hay quienes sostienen la opinión de que el abogado sí debe reconocer la culpabilidad de su representado aunque éste lo niegue, basando su defensa en las circunstancias atenuantes. Por desgracia, a veces en la práctica se utiliza este método de defensa que convierte al abogado defensor en acusador. En lo relativo al término concedido a los defensores para contestar las conclusiones de la acusación, éste es improrrogable, aunque en el caso en que el número de acusados alcance una cifra determinada, el tribunal podrá señalar un término común más amplio. Pasado dicho término el secretario del tribunal procederá a requerir al abogado para que devuelva las actuaciones con el escrito de conclusiones. Si no lo hiciera incurrirá en corrección consistente en abonar cierta cantidad de dinero por cada día de demora independientemente de la responsabilidad penal en que pudiera incurrir. La multa que se le imponga no tiene carácter de corrección disciplinaria, por lo que una vez impuesta no puede solicitar que se le oiga en justicia.

En caso de que el tribunal no admita las pruebas propuestas debe ser presentada la correspondiente protesta a más tardar el día siguiente de la notificación del auto que las rechace para preparar el recurso de casación por quebrantamiento de forma al amparo de la Ley de procedimiento penal correspondiente y que podrá interponerse contra la sentencia que dicte el tribunal.

1. Algunos principios rectores del proceso penal.

El tema de los principios rectores del proceso penal es bastante controvertido. En este capítulo se pretende realizar un análisis de aquellos principios que resultan de mayor relevancia conforme a los objetivos de esta obra, ya que si se abordaran todos los principios procesales existentes necesitaríamos de varios tomos para lograr un tratamiento profundo. Los principios del proceso penal pueden ser comprendidos como una doctrina que se instituye cual base, fundamento o rudimento de dicha erudicción. En el marco del Derecho Procesal Penal se comprenden los principios como aquellas normas no legales, supletorias de éstas y constituidas por aforismos o doctrinas que gozan de general y constante aceptación de jurisconsultos y tribunales. De esta manera un principio es el fundamento de un razonamiento, es el primer instante del ser de una cosa, es decir, lo preliminar.

Los principios en la ciencia jurídica devienen en un límite para el legislador, pues las normas legales no pueden ir ni por fuera ni en contra de los principios rectores de la ciencia jurídica en la que se fundamenta la normativa correspondiente. Con ello se quiere significar que un principio va más allá de lo que la norma, pues es un abstracto que describe la idea esencial de un actuar jurídico, su interpretación y funcionalidad. Los principios pueden no estar recogidos en ningún precepto legal, llamándolos principios rectores no normativos, pero cuando el principio es recogido por la norma, podemos hablar de principios normativos o de normas rectoras de obligatoria aplicación. Cuando un principio es normativo tendrá otras normativas que lo complementarán y permitirán su concreción en el ordenamiento jurídico. Por ello se requiere que entre los principios jurídico-procesales exista armonía y un orden jerárquico de funcionalidad. El proceso penal no es la excepción de la regla que rige el comportamiento y observancia de los principios en las ciencias jurídicas. No obstante, en dependencia del rol que se tenga en el proceso, algunos principios resultan más relevantes y de mayor interés para cada sujeto procesal, pero ello no significa que todos no sean igualmente importantes y de obligatoria observancia y respeto. En esta ocasión iniciaré este capítulo abordando, entre otros temas concomitantes, tres principios esenciales para todo abogado defensor a saber: principio de legalidad de los delitos y las penas, principio de presunción de inocencia y principio de contradicción.

2. Principio de legalidad de los delitos y las penas.

La enunciación dogmática actual del principio de la legalidad se le atribuye a CESARE BECCARIA y su tratado *De los delitos y las penas* y a ANSELM VON FEUERBACH en 1801, quien la formula en los conocidos términos latinos plasmados en las tres fases siguientes: *nulla poena sine lege, nulla poena sine crimine y nullum crime sine poena legal.*

El Principio de Legalidad presupone que todo lo que no está prohibido está consentido. En este presupuesto es que se fundamenta la seguridad jurídica de la libertad de los hombres. La ley es la máxima expresión normativa del propio principio de legalidad y, al mismo tiempo, es su fundamento porque en ella cobra vida. Todo abogado defensor debe prestar mucha atención a este principio debido a que será el principio cardinal y de primera observancia durante la construcción de su estrategia en aras de ofrecer una defensa efectiva a su representado.

Conforme al presupuesto *nulla poena sine lege* se

entiende que no debe existir pena ni sanción alguna si ésta no está prevista en una ley. De esta manera, el abogado debe previamente observar si la pena solicitada por el fiscal o el acusador particular en su caso en el pliego acusatorio o aquella dictada por el tribunal no está regulada en la ley y, de estarlo, velar que no exceda cuantitativa ni cualitativamente las condiciones y límites establecidos por dicha ley. En caso de que se inclumpla estos presupuestos el abogado debe hacer constar su protesta en acta en función de recurrir posteriormente a casación penal por tales razones.

En el segundo supuesto de este principio se expone que no existe pena ni sanción sin crimen previo. Esto es bien importante porque el abogado tiene aquí una vía de impedir el curso del juicio oral si demuestra que realmente el crimen nunca ha ocurrido o existido. Nótese que hago referencia a ocurrencia y a existencia del delito, pues aunque muchos juristas confunden esta terminología realmente se trata de dos supuestos distintos. En este sentido, se debe tener muy claro dos cosas fundamentales a saber: por un lado, el crimen se entiende por no existente si se demuestra que el supuesto hecho delictivo realmente no está configurado como tal en la ley, si por las características del mismo hecho no se producen aquellos elementos que lo tipifican como delito[17] o si la propia ley establece cláusulas que declaran la inexistencia del hecho ante determinadas condiciones y circunstancias y; por otro lado, se entiende que el delito no ha ocurrido cuando, aún tipificado como tal en una ley previa a la comisión del hecho, se entiende que existe pero dicho hecho en cuestión se considera justificado.[18] No obstante, ahora, a tenor del principio de legalidad, centraremos nuestro análisis en el primer supuesto; o sea, en los casos en los que se comprende que el hecho delictivo nunca ha existido.

---

[17] Este es el caso, por ejemplo, del delito imposible, los delitos de resultado en los que solamente se comprende ejecutado el delito si se produce el resultado prohibido o aquellos casos en los que la peligrosidad social es ínfima. Este último supuesto no se encuentra regulado de igual manera en todos los países latinoamericanos y europeos, inclusive en algunos ni siquiera se recoge esta posibilidad. Para profundizar en este tema deben estudiarse los tópicos relativos a la imputación objetiva.
[18] Este es el caso de las llamadas causas de justificación como la legítima defensa, el estado de necesidad, cumplimiento de un deber y el ejercicio legítimo de un derecho, profesión u oficio..

Se entiende que el hecho no es delito cuando no está tipificado en la ley como tal. Este es un supuesto elemental y de fácil comprensión para todo abogado, por lo que no nos detendremos en ello. Otro caso de delitos no existentes son el de los *delitos imposibles*. Esta es una coartada que todo abogado defensor debe valorar. Estamos en presencia de un delito imposible cuando los actos realizados, medios utilizados por el agente comisor para intentar la perpetración del delito o por el objeto respecto al cual ha intentado la perpetración del hecho delictivo evidencian manifiestamente que el delito no podría haberse cometido prácticamente bajo ninguna circunstancia.[19] Este es el caso, por ejemplo, de la persona que suministra agua para matar creyendo que estaba suministrando un poderoso veneno o la persona que apuñala a otra mientras duerme pero ésta última ya estaba muerta, por lo que nadie puede asesinar a un cadáver. Otro ejemplo puede ser la persona que con el objetivo de abortar se suministra calmantes para el dolor

---

[19] Concepto tomado del artículo 14 del código penal cubano. Ley 62/87 de la República de Cuba.

de cabeza. Ahora bien, cómo puede un abogado fundamentar la inidoneidad del medio empleado por su defendido para ejecutar el crimen y demostrar que se trata de un delito imposible? La respuesta a esta interrogante es bastante sencilla. El abogado debe enfocar su demostración de la inidoneidad del medio empleado a partir de la valoración del modo con que el sujeto a determinado la acción delictiva y no a partir de la existencia de obstáculos fortuitos o voluntarios sobrevenidos o la falta de obtención del propósito delictivo.[20] En igual sentido, en los casos en los que se intenta demostrar la inidoneidad del objeto sobre el que recae la acción (objeto directo de la acción) se deben dar dos características fundamentales a saber: por un lado, el objeto directo de la acción delictiva no debe existir de manera alguna al momento de la acción (inexistencia absoluta) y, por otro lado, dicha inexistencia debe ser anterior a la acción misma. En el ejemplo que mencionaba anteriormente respecto a la persona que da una puñalada a otra que ya estaba muerta se aprecia

---

[20] QUIROS PÍREZ, RENEN: *Manual de Derecho Penal* II. Ed. Félix Varela. La Habana, Cuba 1999. P. 153-154.

claramente que el objeto directo de la acción es la víctima y dicho objeto (la víctima) no existe al momento de la acción porque se trata precisamente de un cadáver. También se aprecia que la inexistencia es anterior al momento de la realización de la acción porque se trata de un cadáver que es tal desde antes de que se realizara la acción. Con todo lo hasta aquí expresado se quiere significar que la clave de la defensa en su intento de demostrar la inexistencia del crimen mediante la figura del "delito imposible" en los marcos del principio de legalidad centra su esencia en evidenciar la inidoneidad del medio o del objeto para lograr la consumación del delito como lo exige la ley penal.

Otra forma de demostrar la inexistencia del delito es por medio del llamado "delito putativo". Se entiende por *delito putativo* aquel en el que el sujeto poseyendo un conocimiento exacto del contenido real del hecho, cree erróneamente, debido a una falsa concepción acerca de la existencia o límites de las normas, que es punible una conducta que se propone realizar el sujeto o que de manera efectiva ha realizado. El error no está en que el sujeto considera lícita una acción que se haya prohibida, sino en considerar prohibida una acción que es lícita.[21] La razón del delito putativo se fundamenta en la lógica de que no puede considerarse socialmente peligrosa una acción que es lícita.[22] Entonces, la clave de la defensa sería precisamente demostrar que la acción cometida por el sujeto es lícita. Un ejemplo de delito putativo puede ser la mujer que cree que tener relaciones homosexuales es un delito. No debe confundirse el delito putativo con el delito imposible, y por ello recomendamos al lector profundizar en estos temas, porque ambos tienen una línea muy delgada de diferencia que puede dar lugar, y de hecho ocurre con mucha frecuencia, a grandes confusiones. Tal confusión puede suscitarse, por ejemplo, con el caso de la persona que roba algo propio pensando que es ajeno. Aunque a simple vista parece tratarse de un delito putativo realmente se trata de un delito imposible. El delito putativo no está contemplado en todos los códigos penales, especialmente en Europa en la que se pueden apreciar mayores

---

[21] QUIROS PÍREZ, RENEN: ob cit. P. 144.
[22] *Ibídem.*

diferencias entre éstos. No obstante, resulta loable reiterar que la existencia de un delito putativo y su demostración, al igual que la del delito imposible puede ser una coartada muy significativa para el abogado defensor.

Por último quisiera hacer referencia al supuesto en los que la ley establece cláusulas que determinan los casos en los que se entenderá el delito por inexistente. Estos casos varían en cada legislación y se aprecian generalmente en las partes especiales de los códigos penales. No obstante, mencionaré algunos ejemplos que contribuirán a su mejor comprensión. El primer ejemplo recae en los delitos de calumnia, injuria y difamación en los que generalmente la ley introduce una figura excepcional concida como "acertio veritatis". Conforme a la *acertio veritatis* si el acusado demuestra que las imputaciones o supuestas injurias hechas contra el acusador (supuesta víctima en estos delitos de instancia privada) son ciertas entonces se comprende que el delito no ha existido. Es por estas razones que el abogado defensor debe revisar la existencia de figuras como la *acertio veritatis* en la legislación sustantiva penal correspondiente porque muchas veces no tenemos conciencia de la existencia de éstas y su importancia para la intrumentación de una defensa penal efectiva. Personalmente he podido apreciar muchos casos en los que una simple fundamentación de las aquí tratadas hasta el momento bastaría para dar por concluso un proceso penal y sin embargo los abogados no acuden a estos argumentos por desconocimiento de la doctrina y la norma legal misma.

La tercera premisa del principio de legalidad de los delitos y las penas establece que no existe crimen sin pena legal (*nullum crime sine poena legal*). Esto quiere decir que a todo crimen corresponde una pena y una sanción configurada previamente en la ley, pues es precisamente la pena lo que introduce al crimen en la esfera de lo penal. Aquí estaríamos hablando entonces de la punibilidad. El abogado penalista debe estar muy atento a la presencia de todos aquellos elementos o circunstancias que puedan constituir una coartada para la instrumentación de la defensa. No obstante, aunque el principio de legalidad se desdobla en que todo delito conlleva una sanción y una pena, quisiera destacar que existen excepciones que anulan y/o limitan la punibilidad y de las cuales el abogado defensor debe estar muy atento. La primera de estas excepciones son las *excusas absolutorias*. Por éstas se entienden aquellas causas personales e intransferibles, determinantes de la impunidad de un hecho antíjurídico, cometido por un sujeto imputable y culpable.[23] Un ejemplo de éstas puede ser el encubrimiento entre parientes o el hurto, estafa y apropiaciones indebidas entre cónyuges y parientes. En este caso, el parentezco es la causa personal que fundamenta la impunidad del hecho y por el simple hecho de ser parientes ya se elimina la punibilidad del acto delictivo en el caso concreto. En las excusas absolutorias la esencia radica en características personales del sujeto. Sólo ahí en el sujeto se puede encontrar y fundamentar las mismas.

Entre las excepciones que anulan la punibilidad del hecho delictivo se encuentran también las llamadas "condiciones objetivas de punibilidad". Por éstas se entienden los elementos y

---

[23] QUIROS PÍREZ, RENEN: ob cit. Tomo I, P. 128.

circunstancias exteriores, externas del hecho que son independientes a las características personales e intrínsecas del autor y la parte subjetiva del delito concreto y que por su presencia anulan la punibilidad del hecho. La esencia de las condiciones objetivas de punibilidad está dada por la *objetividad*. Esto quiere decir que las condiciones objetivas de punibilidad nada tienen que ver con el sujeto ni la subjetividad del delito sino con los elementos y circunstancias restantes en las que se desenvuelve el hecho delictivo (circunstancias fácticas). El abogado defensor debe tener muy en cuenta todas las condiciones objetivas de punibilidad porque su apreciación oportuna en el juicio oral puede significar una atenuación de la pena o la excención de punibilidad para el acusado. Muchas veces encontramos situaciones en las que el abogado desestima la posibilidad de proponer al juez la atenuación de la pena mediante la apreciación de determinadas propias e impropias condiciones objetivas de punibilidad[24]

---

[24] Las propias e impropias condiciones objetivas de punibilidad son dos de las formas en las que se clasifican las condiciones objetivas de punibilidad. Las propias condiciones objetivas de la punibilidad son verdaderas causas de restricción de la pena

por el simple hecho de considerarlas innecesarias o inconsecuentes y se obvia que por medio de éstas se pueden tejer verdaderas estrategias de atenuación de la pena y reducción del marco sancionador de manera significativa; inclusive, en algunos ordenamientos jurídicos latinoamericanos por su no observancia y apreciación por parte del tribunal se puede hasta fundamentar un recurso de casación. No obstante, aunque éstas varían en cada país conforme a la configuración legal de los delitos, recomiendo la profundización de este tópico mediante el estudio de otras bibliografías complementarias para su mejor uso y comprensión.[25]

---

ya que la propia ley niega la necesidad de una pena si no se añade otra circunstancia condicional, mientras que las impropias condiciones objetivas de punibilidad constituyen circunstancias cualificativas de agravación encubiertas pertenecientes-con arreglo a su esencia- a la figura objetiva, pero formalmente configuradas como condiciones de punibilidad. Su carácter de impropias se debe a que tal condición no determina la punibilidad o impunidad del hecho, sino la agravación o atenuación de la pena y porque en realidad pertenecen a la figura delictiva. (lo referente a esta nota ha sido tomado de QUIRÓS PÍREZ, RENÉN: *Manual de Derecho Penal* I. Ed. Félix Varela. La Habana, Cuba. 2005. P.134.)

[25] Entre esta bibliografía complementaria recomiendo vid: ROXIN, CLAUS: *Derecho Penal, Parte General*. Obra completa.Ed. Civitas. España. 1997.

Otras de las excepciones que anulan la punibilidad son las *condiciones de procedibilidad*. Las condiciones de procedibilidad son verdaderas excepciones al principio de legalidad del proceso en virtud de las cuales el ejercicio de la acción penal está subordinado, por condiciones de oportunidad, a la declaración de un tercero.[26] También se aprecian estas condiciones de procedibilidad en los casos en los que haya prescrito la acción penal en los términos que establezca la ley correspondiente. Así, las condiciones de procedibilidad son útiles para el abogado defensor, pues con ella puede contraer el proceso en *pro* de su defendido. Si un abogado defensor demuestra que existe una condición de procedibilidad latente en el proceso evitará la acción penal, la anulará o simplemente logrará detener el proceso hasta que desaparezca la vigencia de esa condición de procedibilidad.

Hasta aquí hemos valorado algunos de los aspectos de imprescindible conocimiento por parte de los abogados defensores en lo que

---

[26] Ibídem. P.137.

respecta a la vigencia del principio de legalidad en el Derecho Penal. A continuación realizaremos un breve análisis respecto a un tópico también incomprendido o, más bien, desaprovechado por los abogados penalistas. Hago referencia a la carga de la prueba.

3. La carga de la prueba.

La carga de la prueba está relacionada con la situación de las partes en el proceso penal y se fundamenta en la máxima romana *actore non probat reus absolvitur*. Ésta última se traduce en que el actor de la acción penal que no pruebe los fundamentos de su acción provoca la absolución del *reo*. De ello se desprende que la actividad probatoria es una obligación, una responsabilidad, un deber de quien ha ejercido la acción penal y a su vez es una actitud necesaria en todo proceso penal.

Los fundamentos de la carga de la prueba son la antesala y a su vez consecuencia de muchos de los principios rectores del proceso penal como la presunción de inocencia, contradicción y el derecho a la defensa. Resulta bastante común encontrar juicios orales en los que el abogado acude con una actitud probatoria como si fuese él quien tuviese esa carga y, lejos de contribuir a la defensa efectiva del acusado, más bien lo que provoca es complicar su situación procesal. Con esto quiero decir que todo abogado defensor debe tener muy presente que su función en el proceso penal no es acumular pruebas que demuestren la inocencia de su defendido, pues ello ya se presume, sino acumular y presentar aquellos elementos de pruebas que sirvan de descargo contra los otros elementos de prueba que presente el fiscal para destruir la presunción de inocencia. No obstante, esto no quiere decir que el abogado defensor en determinados momentos no pueda aportar elementos de prueba que contribuyan a demostrar por una vez y por todas la inocencia indiscutible de su cliente. Aquí no se trata de contradecir por contradecir, sino de traer a colación elementos de pruebas y razonamientos que permitan la introducción de hechos alternativos que sin desbordar los marcos de la propia acción penal obliguen al juez a dar uso del principio *indubio pro reo* (al respecto profundizaremos en el próximo epígrafe) y a decidir por el hecho alternativo más beneficioso para el acusado. La recomendación que ofrezco a los abogados penalistas es que sepan delimitar muy bien cómo deben enfocar los elementos de prueba en el proceso penal y cómo instrumentar su defensa a partir de su rol de parte pasiva en la carga de la prueba.

En este epígrafe aprovecho para llamar la atención sobre un aspecto importante que provoca gran confusión en los estudiantes de Derecho Procesal Penal y en muchos abogados; pues se trata del principio de unidad, comunidad o indivisibilidad de la prueba. Conforme a éste en el juicio oral los medios de pruebas deben estar despersonalizados para evitar la parcialización, unilateralidad o fragmentación del debate y la valoración necesaria y garantizar así una actividad cognoscitiva plural, diversa y total.[27] Por estas razones no debe confundirse la carga de la prueba con el término "prueba de cargo"; pues

---

[27] COLECTIVO DE AUTORES: *Temas para el estudio del Derecho Procesal Penal*. Ed. Félix Varela. La Habana, Cuba 2003. P. 86

muchas veces la propia prueba que aporta la acusación, aunque vaya encaminada a destruir la presunción de inocencia, contiene aspectos útiles o un buen contenido para el abogado defensor fundamentar su estrategia defensiva. De ahí que siempre hago un llamado a valorar de manera unitaria todos los elementos de prueba aportados durante el juicio oral. De igual manera recomiendo a continuación una guía para que cuando el abogado defensor vaya a valorar los medios de pruebas propuestos por su contraparte se pueda concentrar en extraer informaciones de descargo importantes en correspondencia a los siguientes aspectos:[28]

1- Extraer los elementos típicos objetivos del delito correspondiente (acción, nexo causal, resultado). Ello conforme a la dirección causalista. En este sentido debe evitar concentrarse en otros elementos típicos objetivos correspondientes a otra figura delictiva análoga por poseer el mismo bien jurídico, encontrarse en el propio título de la

---

[28] *Ibídem.*

parte especial del código penal o por su forma de ejecución.

2- Extraer los elementos subjetivos exigidos en el tipo penal.

3- Extraer los elementos fácticos y subjetivos correspondientes a las circunstancias agravantes (genéricas y específicas).

4- Extraer los elementos determinantes de la participación del inculpado en el hecho imputado, entendidos éstos no en el sentido jurídico penal sustantivo sino en cuanto a su intervención material en el suceso.

4. La Búsqueda de la Verdad Material u Objetividad.

El principio de Objetividad se traduce como el intento del máximo acercamiento posible a un suceso delictivo por los sujetos procesales destinados al efecto conforme a la mayor fidelidad a la legalidad, leyes sociales y humanidad posible, con la finalidad de hacer justicia en un caso concreto. La búsqueda de la verdad material, a decir del profesor JORGE BODES TORRES, "es el principio rector del procedimiento penal que le inspira y sirve de brújula a todo lo largo del tracto procesal".[29] Lo cierto es que no puede concebirse la justicia sin una correcta pena proporcional a la calificación legal sustentada en la verdad material.

En las fases preliminares del proceso penal el valor de la verdad objetiva no sólo opera bajo la finalidad de realizar la evaluación de la prueba o la correcta calificación jurídica del hecho, sino que también sirve para fundamentar aquellas garantías fundamentales de los sujetos procesales, especialmente del acusado y la víctima, y reforzar el respeto a los principios restantes que rigen tan connotado periodo procesal. Por estas razones cada paso avanzado y parlamento alegado durante el proceso penal debe estar fundamentado y abalado por realidades comprobadas y aceptadas como indubitadas.

---

[29] BODES TORRES, JORGE: *La detención y el aseguramiento del acusado en Cuba*. 2ª edición actualizada, Editorial de Ciencias Sociales, 1996, La Habana (Cuba)..

Ahora bien, en nuestro sistema de Derecho Romano-Francés rige la máxima romana *Res iudicata pro veritate Habetur* (entre cuyas consecuencias se encuentra el no pueden coexistir dos verdades en un mismo proceso). Es sobre esta efigie jurídica que en nuestro sistema se fundamentan principios, instituciones y hasta procedimientos especiales, tal es el caso del "Procedimiento penal de Revisión de sentencias".[30] En este sentido, los órganos encargados de la investigación y control de la misma en las fases preliminares del proceso penal, además de compilar todas aquellos elementos de pruebas que permitan demostrar la ocurrencia del hecho delictivo denunciado o conocido y la identificación de los autores y restantes partícipes en el mismo, deben estudiar todas las posibles hipótesis que en congruencia con esos mismos elementos de pruebas obtenidos permitan ahondar en aspectos

---

[30] Vid: COLECTIVO DE AUTORES: *Temas para el Estudio de Derecho Procesal Penal* (Tercera Parte). Editorial Félix Varela. La Habana, Cuba. 2003.

necesarios para un debate claro y objetivo en el juicio oral.

Entonces se comprende la búsqueda de la verdad material como un interés superior en el proceso penal y, así, la intervención del abogado defensor se fundamenta prioritariamente sobre la base del principio estudiado para evitar parcialidad en el proceso en detrimento del propio acusado y garantizar la igualdad necesaria para ejercer una contradicción efectiva. En la *praxis* jurídica puede suceder que en ocasiones los abogados, sobre la base de los resultados de las pruebas practicadas durante la fase preparatoria y contenidas en el expediente, exponen en la primera de sus conclusiones provisionales una versión de los hechos distinta de aquella que describe el fiscal en el pliego acusatorio y posteriormente narran más de un hecho perfectamente compatible con las pruebas practicadas y reproducidas en el acto del juicio oral. Ello indiscutiblemente no es erróneo, pues el abogado basado en la máxima romana *Res iudicata pro veritate Habetur* obliga posteriormente al tribunal a pronunciarse en su sentencia respecto al hecho probado pudiendo establecer posteriormente recurso de casación contra la sentencia por quebrantamiento de forma.[31] No obstante, el Fiscal como controlador y supervisor de la fase investigativa e instructiva, debe velar porque las pruebas practicadas apunten hacia un hecho determinado que no de cabida a versiones perfectamente acoplables a los resultados de dichas pruebas practicadas.

Puede suceder también, como debe ser, que el fiscal al supervisar el expediente percate la posibilidad de pluralidad de hechos acoplables en el sentido que hemos descrito. Ante esta situación podrá el mismo orientar la práctica de otras diligencias cuyos resultados apunten hacia un hecho el cual será el objeto de la acusación. La habilidad profesional del fiscal también estará en saber cuáles son las diligencias más objetivas en aras de lograr en el menor plazo de tiempo posible la verdad material.

Resulta plausible destacar que el principio de objetividad o búsqueda de la verdad material

---

[31] Este tema será abordado más detalladamente en el siguiente epígrafe referido al principio indubio pro reo

distingue el proceso penal de otros que sólo se conforman con la aceptación de los hechos entre las partes limitándose a los extremos que resultan paradójicos entre los contendientes. Esta distinción también es extensiva entre las diferentes formas penales de enjuiciamiento como sucede en aquellos sistemas que aplauden la negociación de la pena y permiten con ello el consenso de las partes respecto a la narración de los hechos y la pretensión punitiva fundamentada debidamente.

Otro análisis respecto al principio de objetividad debe ir referido a las clasificaciones que al respecto se manejan en la doctrina. En este sentido se conoce la verdad material que es la que hemos tratado básicamente hasta el momento en el presente acápite y la verdad formal, que se describe como aquella sobre la que se ha formado convicción el juez en la sentencia que pone fin al acto de juicio oral sobre la base de las pruebas practicadas y reproducidas en esta fase. La verdad formal no siempre coincide con la verdad material, lo cual sería ideal, pero esto se debe la mayoría de las veces a la poca objetividad y calidad de la fase preparatoria del juicio oral. Es así que la verdad formal será relevante en el estudio de la fase del juicio oral en el proceso penal por ser aquí donde alcanza su especial relevancia y dependerá de la convicción que sobre los hechos haga el órgano juzgador. Este es un aspecto muy importante para el abogado defensor porque sobre la base de que casi nunca la verdad formal es totalmente fiel a la verdad material siempre queda abierto un margen de duda en el proceso que puede ser aprovechado con mucha cautela y profesionalismo por la defensa. Por eso siempre recomiendo de vista este aspecto.

Finalmente podemos alegar con total certeza que la búsqueda de la verdad objetiva ha significado para el derecho procesal su mayor seguridad al rechazar la sospecha como base para la inculpación del acusado, que prevaleció en el sistema inquisitivo. Su aplicación correcta representa una garantía para el sistema de justicia y para los ciudadanos en general.

5. *Indubio pro reo.*

El principio *indubio pro reo* constituye una máxima del Derecho romano que establece que ante la duda procesal el juez debe asumir y dictar el veredicto que resulta más beneficioso o benévolo al acusado. Aquí no se trata de una duda cualquiera sino de una duda especial conocida doctrinalmente como "duda procesal".[32] En el epígrafe anterior habíamos hecho mención a este principio y su importancia para la implementación de la defensa en el proceso penal. El principio *indubio pro reo* encuentra su antecedente en la máxima romana ya mencionada anteriormente: *res iuducata pro veritate habetur.* Conforme a ésta, en un proceso no deben coexistir dos hechos simultáneos, pues el hecho objeto del proceso es sólo uno y debe ser demostrado. En tal sentido el fiscal tiene la carga de probar este hecho por medio de los elementos de prueba que va introduciendo en el

---

[32] E. BACIGALUPO ZAPATER: «Presunción de inocencia, *in dubio pro reo* y recurso de casación», *Anuario de Derecho penal y Ciencias Penales,* 1988, p. 34. M.Ş J. MASCARELL NAVARRO: *La carga de la prueba y la presunción de inocencia, Justicia,* 1987, p. 631. *Vid.* H. DAHS: *Die Revision im Strafprozes,* München, 1972, p. 27.

proceso y que somete a valoración de las partes restantes y especialmente del tribunal. El abogado defensor debe entonces contribuir a la valoración de esos elementos de prueba y facilitar así la formación de la convicción judicial. Consecuentemente, el juez valorará dichos elementos y apreciará aquellos que considere se ajusten más a la lógica de los argumentos y valoraciones de las partes y los testigos interrogados durante el juicio oral. Así, estima algunos elementos de prueba y desestima otros fundamentando tales decisiones en su sentencia conforme a los principios de la sana crítica y de congruencia. Finalmente, en la sentencia el tribunal debe establecer qué hecho se considera probado (aunque no tiene que ser exactamente como el hecho real, pero sí lo más fiel posible). Muchas veces los abogados defensores utilizan una técnica antigua que data del mismo Derecho Procesal romano. Se trata de sembrar en el tribunal una duda procesal.[33] ¿Cómo se siembra una duda procesal? Pues bien, para ello se deben analizar todos los elementos de pruebas que

---

[33] Al respecto Vid: NIEVA FENOLL, JORDI: *La duda en el proceso penal.* Ed. Marcial Pons. Madrid. España. 2002

introduzca el fiscal, las informaciones que brinden los testigos y aquella que resulte de todos los medios de pruebas practicados durante el juicio oral. Posteriormente se debe establecer la narración de un hecho alternativo al propuesto por el fiscal a partir de los propios elementos de pruebas e informaciones que éste mismo ha ofrecido. Dicho hecho alternativo debe conllevar a una sanción más benéfica para el acusado. Una vez establecida esta narración el tribunal se encontrará ante la situación de tener dos hechos en un mismo proceso y esa dicotomía no es más que una duda procesal. Es entonces que el abogado defensor puede exigir al tribunal hacer uso del *indubio pro reo* y sentenciar por aquel hecho que resulte más benévolo para el acusado. Nótese que aquí la duda procesal se establece por su propia naturaleza jurídica y en ese mismo sentido el tribunal está obligado a aplicar el *indubio pro reo*. Un ejemplo claro de esta situación puede ser el caso en el que las conclusiones finales del fiscal narran que el sujeto entró a la vivienda de la víctima por la puerta que supuestamente estaba cerrada con candado, hurtó 10 mil euros y huyó por la ventana trasera de la casa. No obstante, en sus declaraciones el acusado afirma que el candado estaba abierto y él entró sin necesidad de hacer ruido alguno. En tal sentido el fiscal califica legalmente el hecho como un robo con fuerza en las cosas y en sus conclusiones finales el abogado defensor establece que existen dos hechos: por un lado, la entrada a la casa mediante ruptura del candado de la puerta (lo cual sería efectivamente un robo con fuerza) y por otro lado, la entrada a la casa mediante la reja que estaba con un candado abierto y la puerta se encontraba igualmente abierta (lo cual configuraría un delito de hurto que requiere menor marco sancionador). En este ejemplo resulta evidente que el fiscal en la investigación preliminar y durante todo el proceso nunca demostró que el candado estuviera cerrado y el abogado aprovechó este dato para introducir un hecho alternativo y establecer una duda procesal obligando al tribunal a sancionar por hurto y no por robo con fuerza en las cosas. Otro ejemplo bastante ilustrativo y común se aprecia en el delito de violación en el que el fiscal narra en sus conclusiones finales que el acusado después de tocar a la víctima y jugar con sus órganos genitales le obliga a abrir la boca y eyacula en ella. Así califica legalmente el hecho como un delito de violación por el uso de la controvertida *fellatio in ore* (sexo oral). Sin embargo, el abogado defensor en sus conclusiones finales destaca que realmente nunca hubo tal acceso carnal sino que su acusado eyaculó en la cara de la víctima mientras la obligaba a mantener la boca abierta, por lo que califica legalmente el hecho como un delito de abusos lascivos. Aquí al no haberse probado por parte del fiscal que el acusado haya introducido su órgano genital en la boca de la víctima (acceso carnal) quedan expuestos dos hechos alternativos sembrándose así una duda procesal. Ante esta situación el abogado defensor exige al tribunal el uso del *indubio pro reo* y que sancione consecuentemente por un delito de abusos lascivos y no por violación como pretendía el fiscal. Para poder utilizar esta fórmula se requiere mantener una atención muy aguda sobre todos los detalles del juicio oral por parte del abogado defensor. Por eso en epígrafes anteriores se hacía énfasis en la necesidad de eliminar cualquier tipo de distracción que pueda atentar contra este objetivo.

Por último quisiera traer a colación un tema bien importante: los límites del *indubio pro reo*. Los límites fundamentales a este principio (si bien que no son los únicos) son tres a saber: *la Ley*, el principio *indubio pro victima* y el principio *indubio pro societa*. La ley es un límite en tanto constituye la disposición normativa más importante de un Estado y todas las restantes disposiciones normativas se supeditan a ella conformando un armónico ordenamiento legislativo. Con esto quiero decir que la aplicación del *indubio pro reo* por parte de un tribunal no puede ser contrario a las leyes vigentes ni al espíritu jurídico que inspira a la vigencia de las mismas; pues de ser así la propia ley establece la posibilidad de recurrir a recurso de casación o abrir un procedimiento de revisión de sentencia por quebrantamiento de la ley. Por su parte, el principio *indubio pro victima* se traduce como la observancia de los derechos de la víctima y su vulnerabilidad antes de la aplicación del propio *indubio pro reo*. Esto significa que un juez, ante una duda procesal, no puede aplicar el principio *indubio pro reo* sin antes valorar los efectos negativos y positivos que ello puede acarrear en la víctima. De ahí que la preservación de los derechos de la víctima sean un requisito o condición para poder aplicar el *indubio pro reo*. De igual manera el abogado defensor debe tener esto muy presente porque cuando la aplicación del *indubio pro reo* vulnera la seguridad de la víctima y sus derechos el fiscal debe llamar la atención sobre esta situación para evitar que el juez lo aplique por existir una colisión jurídica entre los dos principios. En caso de que el juez determine aplicar el *indubio pro reo* entonces el fiscal podría recurrir a un recurso de casación fundamentando dicha situación. Ahora bien, la controversia se agudiza cuando se alude al principio *indubio pro societa* como límite del *indubio pro reo*. El principio *indubio pro societa*, en una de sus acepciones, establece que ante determinadas dudas procesales el juez debe dictar aquel veredicto que sea más benévolo para el acusado siempre y cuando no implique una vulneración o contradicción de los intereses sociales. De esta manera los intereses sociales son supremos respecto a los intereses individuales. Para muchos especialistas el *indubio pro societa* es una condición y límite para la aplicación del *indubio pro reo*, inclusive, hasta del *indubio pro víctima*, y ello se expresa más claramente en los regímenes socialistas y comunistas donde la propiedad social y los intereses sociales son supremos respecto al resto de los intereses que puedan religarse en la sociedad. No obstante, en otros regímenes donde se enaltece la propiedad privada y la subjetividad individual está expresada con gran fuerza en el diseño del sistema político y ordenamiento jurídico del Estado el principio *indubio pro societa* se aplica, en tanto condicionante, con mucha más behemencia respecto al *indubio pro reo* y el *indubio pro víctima*; por lo que en estas sociedades el climax de la colisión se suscita entre el *indubio pro reo* y el *indubio pro victima*.

6. Principio de presunción de inocencia.

La presunción de inocencia es uno de los megaprincipios del proceso penal. Para algunos es tan sólo un principio, para otros se trata de un derecho del encausado y hay quienes consideran que se trata de ambas cosas. Lo cierto es que se traduce como el enunciado o suposición de que todo acusado se considera inocente hasta que no se dicte fallo condenatorio contra él por parte de un tribunal competente y conforme establezca la ley. La primera consecuencia de este principio es el trato al acusado, pues si se presume la inocencia de éste entonces debe ser tratado como tal. Cuando hago referencia a tratar al acusado como inocente no me refiero a hablarle con cariño, respeto y amor dentro de los marcos del propio principio, sino que debe ser tratado a tenor de las consecuencias jurídicas que implica esa presunción de inocencia. Aquí es donde el abogado defensor debe estar muy atento y saber llamar la atención del tribunal y los restantes sujetos procesales en *pro* de su representado; pues un abogado hábil y conciente de la magnitud del principio en cuestión sabrá utilizar en cada momento las posibilidades que este principio brinda para la implementación de una defensa efectiva. En tal sentido, a modo de ejemplo, enumero algunas de las consecuencias más importantes del principio de presunción de inocencia:

- Solamente un tribunal competente y conforme a la ley puede declarar la culpabilidad del acusado mediante fallo condenatorio.
- La carga de la prueba recae en el acusador.
- La confesión por parte del acusado no puede ser tomada como elemento de prueba en su contra.
- El acusado no puede sufrir los efectos de una culpabilidad no declarada. La prisión provisional sólo será aplicada en casos muy excepcionales y podrá ser modificada o revocada cuando varíen las causas de su imposición.
- Será nula toda declaración obtenida por medio de la violencia o coacción, engaño o promesa.
- El acusado puede declarar en cualquier momento de la fase preparatoria, aunque no está forzado a declarar. Aún así su negativa no debe ser tomada como presunción de culpabilidad.
- La sola declaración del acusado no dispensará de la obligación de practicar otras pruebas necesarias para la comprobación del delito y verificar su dicho.

- El acusado puede declarar cuantas veces decida hacerlo para ampliar, retirar o modificar su declaración precedente.

- El hecho de prestar declaraciones falsas tampoco es presunción de culpabilidad.

- El acusado no puede ser enjuiciado por mentir ni por negarse a declarar. Las falsedades respecto a los hechos que comete un acusado no pueden ser objeto de represión penal pero sí lo relativo a su identidad personal;

- Enerva el derecho a la defensa que posee el acusado.

- La prueba de cargo debe ser lícita y cualquier elemento de prueba obtenido por medio de la violación de los derechos humanos debe ser considerada ilícita.

- En el acto de tomársele declaración debe ser instruido de los derechos que le asisten.

- Las cuestiones no comprobadas o dudosas no pueden erigirse como fuente de prueba o fundamento de la pretensión punitiva del órgano acusador y sólo pueden ser interpretadas a favor del acusado.

- Vigencia del principio de correlación entre la imputación y la sentencia

- La sentencia condenatoria debe sustentarse en la convicción judicial de culpabilidad del acusado, más allá de toda duda razonable.
- Vigencia del principio de congruencia
- Vigencia del principio de la sana crítica
- No se acreditan de oficio procesalmente, las causas de exclusión del delito o de responsabilidad penal. Dígase atipicidad, causas de justificación y causas de inculpabilidad.
- Vigencia del principio *indubio pro reo* en todo momento.
- Sólo generan antecedentes penales aquellos juicios en los que se haya dictado sentencia condenatoria contra el acusado y conforme lo establezca la ley, por lo que el proceso penal en el que no se condene al acusado por medio de sentencia firme no puede constituir antecedente penal.

De todo lo anteriormente expuesto se evidencian claramente dos cosas: por un lado, el principio de presunción de inocencia es una antesala de otros principios como lo son "la igualdad entre las partes", "Principio de contradicción" y "derecho a la defensa" y, por otro lado, se comprende que una defensa penal efectiva solamente puede ser posible si se observa y respeta en todo su explendor el principio de presunción de inocencia y sus consecuencias jurídico-procesales. Se recomienda entonces que todo abogado defensor antes de iniciar el juicio oral examine si cada una de las consecuencias de este principio han sido respetadas a cabalidad para de esta forma utilizar esos argumentos de quebrantamiento de forma y de ley, si corresponde, para exigir un trato más adecuado, una absolución o una pena más acertada para su representado.

7. Principio de igualdad de las partes en el proceso penal.

Habitualmente considerado como uno de los principios jurídicos genuinos que informan al proceso penal trata de asegurar que ambas partes en contienda gocen de los mismos medios de ataque, defensa y de la paridad de armas para hacer valer sus alegaciones y medios de prueba. Este postulado básico desde el ámbito procesal está angostamente agnado con el de contradicción de forma tal que debemos ver la contradicción como una expresión de aquel; pues lo que condiciona que exista la bilateralidad referida es precisamente la previa aceptación del presupuesto de igualdad entre las partes que permita a las mismas disponer de análogas oportunidades de razonar, aportar y probar cuanto estimen eficaz en aras al reconocimiento judicial de sus tesis.

Este principio aparece recogido como garantía normativa en la Convención de San José de Costa Rica en el artículo 8.2, donde se plantea que durante el proceso toda persona tiene derecho en plena igualdad a una lista de garantías que se relacionan en el propio enunciado. A pesar de ello, estas exacciones no tienen la misma fuerza o vigor en todos los periodos del proceso penal. Consecuentemente, muchos académicos consideran que durante las fases de investigación y sumarial del proceso penal el principio de igualdad sufre un desbalance a favor del Estado, pues el señorío del actuar inquisitivo en ese ciclo procesal así lo condiciona. Esta posición ha sido criticada cada vez más, fundamentalmente después de concluida la

Segunda Guerra Mundial en la que las legislaciones han ido eliminando progresivamente los beneficios que se conceden al reo para favorecer más al Estado en dicha fase sumarial. De esta manera se pretende garantizar que prepondere paulatinamente la igualdad de las partes durante el periodo preliminar del proceso penal y se facilite, entre otras cosas, una presencia cada vez más precoz del abogado en la sustanciación de las pesquisas y, además, se conceda mayor publicidad en las actuaciones.

Lo cierto es que en determinados momentos procesales existe igualdad, en otros un desbalance a favor del Estado, pero también este desbalance suele manifestarse a favor del acusado. Así es, por ejemplo, que el derecho a la información le corresponde al acusado, (...) no al acusador, pues el acusado puede "guardar sus armas" y sus argumentos mientras que el acusador debe exteriorizarlas. A ello se le suma que el acusado no tiene por qué declarar contra sí mismo, al contrario, tiene derecho a no confesarse culpable y a declarar como quiera, (...) El acusador tiene obligación de decir la verdad y si no lo hace puede ser reo de un delito de falso testimonio o de acusación o denuncia falsa. También el acusado goza plenamente del derecho constitucional de presunción de inocencia mientras que el acusador no tiene un derecho paralelo.

Estas cuestiones, que no dejan de ser reales, lejos de ir en contra del principio de igualdad entre las partes, constituyen de forma alguna los herramientas con las que cuenta el acusado para protegerse de la imputación que le hace la poderosa maquinaria estatal y que en definitivas han garantizado el cumplimiento en alguna medida del principio de igualdad; por lo que al hacer un análisis bajo un criterio tan mecanicista, se relega la naturaleza y función de los sujetos procesales. Ahora bien, esta idea no significa que la igualdad entre las partes en el proceso penal sea perfecta, pues reitero que el acusado no alcanza la condición de parte mientras no sea objeto de la imposición de cualquiera de las medidas cautelares que autoriza la ley y esta es una situación de evidente desigualdad que resulta completamente desventajosa para su derecho a la defensa. Téngase en cuenta que en esta fase del proceso penal, no sólo el acusado presta declaración acerca de los hechos que se le imputan y sus circunstancias (si así lo decide), sino que también se ejecutan actos que se introducen dentro de las garantías constitucionales del individuo, como son el registro de su domicilio, de la correspondencia y las comunicaciones, los cuáles, a mi entender, serían más protegidas con la presencia de una asistencia letrada.

8. Principio de contradicción.

Como indica su nominación, el principio de contradicción es aquel enunciado referido a la capacidad que la ley y la propia dinámica del proceso penal otorgan a las partes para enfrentarse sin más límites que la propia ley a los elementos de pruebas que introduzca su contrario en el proceso penal. Esta capacidad de enfrentamiento se extiende también a todos los elementos y cuestiones referentes a los intereses de las partes, por lo que no se limita a los elementos de prueba solamente sino también a las valoraciones y apreciaciones que ellas consideren necesarias realizar conforme a sus objetivos relativos al desenlace del proceso penal. De esta manera las partes para contradecirse procesalmente no tienen más límites que la propia ley y el principio de preclusión.[34] En otras palabras, el principio de contradicción estipula que nadie puede ser condenado sin antes haber sido oído y vencido en un juicio con las garantías que establece la ley. En la doctrina también se conoce este principio como "principio de audiencia", "principio de bilateralidad de la audiencia" o "principio de bilateralidad del debate", aunque algunas personas consideran que realmente el principio de audiencia es simplemente un derivado del principio de contradicción.

La contradicción como principio y regla tiene su máxima expresión en las conclusiones finales de las partes en el juicio oral. Su antesala es precisamente el principio de igualdad y la presunción de inocencia que detenta el acusado

---

[34] Sobre este principio se hace refrencia en los siguientes epígrafes de esta obra.

hasta que no se dicte fallo condenatorio contra él por el tribunal competente y conforme a la ley. De esta manera sólo es posible hablar de contradicción cuando existe un presupuesto de igualdad entre las partes que se materialice en la propia dinámica del proceso penal. A su vez, esta igualdad será posible si se respeta la presunción de inocencia del acusado y las consecuencias de dicho principio. Por otro lado, el principio de contradicción tendrá como derivado a otro megaprincipio: el derecho a la defensa.[35]

La contradicción es esencial para todo abogado defensor y entender sus fundamentos es obligatorio; pues la diferencia entre un proceso y un procedimiento parte precisamente de la existencia de contradicción en el primero y la ausencia de contradicción en el segundo. Con esto quiero significar que la contradicción es la esencia de todo proceso penal y es a partir de ella que se fundamenta la existencia y límites de los contensioso en él. De esta manera el juez

---

[35] En la actualidad se debate bastante sobre si el derecho a la defensa debe ser entendido como un principio o simplemente un derecho derivado de la contradicción necesaria en el proceso penal.

solamente llevará al debate aquellos aspectos que aún estén aposentados en cuestiones contradictorias y sobre ellas dictará su fallo. Esto no quiere decir que aquellos aspectos en que las partes estén de acuerdo no sean relevante ni necesarios para dilucidar los hechos, sino que el juez hará incapié en formar una convicción judicial también en aquellos aspectos que aún sean contradictorios. El abogado defensor debe aprovechar exhaustivamente el potencial que le brinda el principio de contradicción en el proceso porque ese es el rudimento doctrinal más efectivo para instrumentar su teoría del caso y recorrer un camino exitoso hasta sus conclusiones finales. Cuando el abogado defensor no ejerce efectivamente la contradicción se sobreentiende que él mismo ha limitado la capacidad defensiva de su representado y ello es algo que todo fiscal sabe apreciar a primera vista, por lo que casi instintivamente arreciará en el ataque a la presunción de inocencia. Todo fiscal cuando se enfrenta a un abogado realmente contradictorio se limita mucho en sus intervenciones porque sabe que una simple protesta o protestas reiteradas y bien fundamentadas por el abogado pueden ser perjudicial para la acusación. Un abogado bien preparado y ejerciendo la contradicción oportuna y fundamentadamente siempre va a provocar una intimidación muy efectiva sobre el fiscal. Por eso, ser contradictorio y aprovechar al máximo esta posibilidad de manera correcta es un arma que siempre será recomendada. Aquí no se trata de encarnar una guerra entre fiscales y abogados por el simple hecho de contradecir y guerrear sino de velar por que no se pierda el contradictorio del proceso, sus fundamentos y consecuencias jurídicas hasta sus últimos momentos. Si el abogado defensor pierde esta perspectiva pierde su potencial en el proceso.

8.1. El derecho a la defensa.

El derecho a la defensa se define como el derecho fundamental del encausado en un proceso penal a recibir asistencia técnico-profesional de un especialista en Derecho Penal, por lo que deviene en causa de nulidad procesal y de violación de garantías fundamentales la inexistencia del mismo. El derecho a la defensa no se limita a la asistencia de un abogado sino que comprende un conjunto de presupuestos y otras garantías necesarias para su completa efectividad, por eso en la doctrina se hace referencia a dos tipos de defensas: la defensa material y la defensa técnica. La defensa material se refiere a toda la actividad procesal que realiza el imputado para hacer valer frente al tribunal sus derechos. Por su parte, la defensa técnica se define como el derecho de todo imputado a contar con la representación y asistencia de un jurista.

Entre las consecuencias del derecho a la defensa se encuentran:[36]

- Derecho del imputado a ser asistido por interprete o traductor, pagado por el Estado, si manifestara no hablar correctamente el idioma español.
- Derecho a ser informado, previa y detalladamente, de las causas y razones del hecho que se le imputa.

---

[36] BARRIOS GONZALES, BORIS: *La defensa Penal*. Ed. Jurídica bolivariana. 1999.

- Derecho del imputado a contar con el tiempo suficiente y los medios adecuados, en igualdad de condiciones, para ejercer la defensa en el proceso.

- Derecho a ser oído y a designar un defensor de su confianza o en su defecto contar con un defensor público (de oficio), pagado por el Estado, y a mantener comunicación libre y confidencial con su defensor.

- Derecho a controvertir pruebas y a que se practiquen las pruebas que solicite personalmente el ejercicio de la defensa material o las que solicite su defensa técnica y de que se haga constar en el proceso tanto lo que le desfavorece como lo que le favorece, para lo cual el funcionario de instrucción o de la jurisdicción cuidará de practicar, sin dilación, todas las pruebas que le favorezcan y con el mismo celo que se practiquen las que le desfavorezcan.

- Derecho a guardar silencio, en todo o en parte, y a no declarar en contra de sí mismo ni a declararse culpable.

- Derecho a ejercer el beneficio de doble instancia y recurrir el fallo dictado en su contra y ante juez o tribunal superior.

- Derecho a ser juzgado por juez o tribunal competente, independiente e imparcial establecido por ley anterior.

- Derecho a ser juzgado dentro de un plazo razonable.

- Derecho a ser juzgado conforme a ley anterior.

- Derecho a que se presuma su inocencia mientras no se pruebe su culpabilidad en juicio público en el que se le hayan asegurado todas las garantías de su defensa.

- Derecho a no ser coaccionado ni intimidado para que declare en contra de sí mismo ni de su cónyuge o sus parientes dentro del cuarto grado de consanguinidad o segundo de afinidad.

- Derecho a ser sentenciado por el delito al que se le llamó a responder en causa y no por otro.

El abogado defensor debe tener muy presente cada uno de estos efectos jurídicos por cuanto ello le permitirá, al igual que en otros principios tratados anteriormente en esta obra, instrumentar su teoría del caso y encausarlo estratégicamente dentro del proceso penal. Los efectos materiales del derecho a la defensa son, visto desde otro ángulo, exigencias que el abogado defensor tiene a su poder para con el tribunal y las restantes autoridades religadas a lo largo de todo el proceso penal. De esta manera, si se hace un buen uso de este principio los resultados serán indiscutiblemente positivos. Existen cuestiones que aún en la doctrina merecen mayor análisis, pues se debería discutir más sobre cuál debe ser la actuación del abogado defensor cuando él y su defendido están totalmente de acuerdo con todo el contenido de la acusación, o sólo es uno de ellos quien concuerda con la contraparte procesal. También habría que analizar qué sucede cuando el defensor en el desempeño de su función desea, como parte de su estrategia, incriminar a un coacusado en interés de su defendido.

9. Principio de congruencia.

El principio de congruencia se comprende como la correspondencia lógica que debe existir entre las pruebas practicadas en el juicio oral y los distintos componentes que estructuran la sentencia judicial. [37] De esta manera se concibe que este principio se subdivide en otros tres a saber: congruencia entre los elementos de pruebas y el hecho objeto del proceso, congruencia entre las pruebas y los fundamentos lógicos de la sentencia y, por último, la congruencia entre las pruebas y la pena y sanción establecida en la sentencia judicial. Entonces, por transitividad, la congruencia se manifiesta de manera global entre los hechos objetos del proceso y la pena y sanción establecida en la sentencia. Para mejor comprensión abordaremos suscintamente a continuación cada una de estas relaciones.

La congruencia entre los elementos de pruebas y el hecho objeto del proceso se traduce en que las pruebas practicadas en el juicio oral deben ser objetivas y correspondidas con las cuestiones a dilucidar o esclarecer en el hecho objeto del proceso penal. Conforme a este enunciado no debe introducirse en el proceso elementos de

---

[37] Al respecto *vide*: VILLANUEVA OROZCO, SAMUEL ALBERTO: *La aplicación del principio de congruencia de las pruebas en el juicio de extinción de dominio.* Publicado en *Revista del Instituto de Judicatura Federal.* No 29. Mexico. P. 280.

pruebas que no aporten información relevante a la valoración objetiva de los hechos. Esta relación de congruencia es bien importante para todo abogado defensor porque a veces los fiscales introducen o proponen por error elementos de pruebas que ayudan a establecer una convicción judicial sobre otros hechos o cualidades personales del acusado que nada o poco tienen que ver con el hecho objeto del proceso creando una idea distorsionada y negativa para la resolución del caso concreto conforme a los intereses de la defensa.[38] En tal sentido, el abogado defensor debe estar atento para exigir desde la manifestación de estos elementos de prueba su respectiva protesta. La práctica de una prueba en el juicio oral que poco o nada tiene que ver con el *thema probandi* puede crear una convicción judicial que conlleve a una pena y sanción injusta si su discusión no es detenida a tiempo por los canales pertinentes.

Por su parte, la congruencia entre las pruebas y los fundamentos lógicos de la sentencia judicial

---

[38] Eso es lo que en el Derecho anglosajón han dado a llamar vulgarmente "efecto campana".

se traduce en que la lógica de los fundamentos de la sentencia (parte explicativa que antecede a la decisión o fallo en la sentencia) deben estar abalados o acreditados por las pruebas practicadas durante el juicio oral. De esta manera el tribunal correspondiente no debe fundamentar su lógica valorativa y apreciativa de su fallo en pruebas que son ajenas o intrascendentes al hecho; aun cuando hayan sido introducidas por una de las partes en el juicio oral. El tribunal tampoco debe fundamentar su fallo en pruebas que aún siendo relevantes para el caso concreto evidentemente no se correspondan con la lógica por la cual está fundamentando su fallo. Entonces podemos encontrar dos casos: aquel en el que el elemento de prueba nada o poco tiene que ver con el caso concreto y el tribunal la estima como prueba para fundamentar su fallo y, por otro lado, aquel en el que el elemento de prueba es relevante al caso pero no se corresponde o justifica los fundamentos por los que el tribunal la estima como prueba para dictar un fallo. En ambos casos el abogado defensor debe estar bien atento para poder fundamentar en su día el correspondiente recurso de impugnación.

En lo que respecta a la congruencia entre las pruebas y la pena y sanción establecidas en la sentencia judicial se establece en la doctrina que la pena debe estar fundamentada en el hecho probado; es decir, las pruebas apreciadas durante el juicio oral son el termómetro de la pena y la sanción correspondientes porque constituyen el rudimento lógico del hecho probado. De esta manera ni la pena y la sanción pueden ser excesivas respecto a las pruebas presentadas y la gravedad del hecho. Por ejemplo, si el fiscal acusa por un delito de asesinato, pero las pruebas evidencian que se trata de un delito de homicidio y no fundamentan un asesinato entonces el tribunal debe sancionar por homicidio y no por asesinato. De no ser así el abogado defensor debe establecer en el momento procesal oportuno un recurso de apelación o casación contra la sentencia incongruente o excesiva.[39] Se recomienda a todo abogado defensor prestar mucha atención al principio de congruencia, pues

---

[39] La excesividad de la sentencia también se puede suscitar por otras razones, pero a tenor de esta obra nos centraremos por ahora sólo en esta variante.

160

reitero que si se pierde de vista la vigencia de éste se podría afectar grandemente la capacidad defensiva del acusado y, por consiguiente, correr el riesgo de que se produzcan resultados indeseados e injustos en el proceso penal. También recomiendo a los abogados tener en cuenta aquellos casos en los que la pena resulta excesiva por no obedecer a los cánones funcionales por los que ha sido establecida. Con esto quiero significar que el abogado defensor no puede perder la perspectiva de la funcionalidad de la pena; pues una pena o sanción que evidentemente no vaya a cumplir con los fines de las mismas (reeducación, motivación, etc) respecto al hecho objeto del proceso, debe ser considerada también incongruente.

Para mejor entendimiento, en lo que respecta a la forma de la incongruencia, abordaré resumidamente una clasificación que permitirá al abogado identificar más fácilmente la incongruencia en las sentencias judiciales. En este sentido la doctrina procesal establece dos tipos a saber: incongruencia infrapetita u omisiva y la incongruencia extrapetita o por exceso.[40]

a) **Incongruencia infrapetita (u omisiva):** Cuando en la resolución definitiva el órgano jurisdiccional no ha solucionado de modo razonado una de las cuestiones planteadas por las partes en sus conclusiones definitivas con trascendencia al fallo. Esto suele interpretarse doctrinal y jurisprudencialmente como una " *denegación técnica de justicia* " o una " *lesión al derecho de tutela judicial efectiva*".

b) **Incongruencia extrapetita (o por exceso):** Cuando el tribunal del juicio en su resolución conclusiva se excede de los términos o límites marcados por el objeto de la acusación y del debate, pronunciándose o resolviendo en la misma puntos no alegados por las partes ni sometidos a la discusión. La jurisprudencia y la doctrina la consideran

---

[40] Lo referente a los tipos de incongruencia ha sido tomado de COLECTIVO DE AUTORES: *ob. Cit (Temas para el estudio del Derecho Procesal...)*. P. 259.

como un quebrantamiento del principio de contradicción o competitividad.

10. Principio de la sana crítica.

Por principio o regla de la *sana crítica* se entiende al arte de juzgar atendiendo a la bondad y verdad de los hechos, sin vicios ni error; mediante la lógica, la dialéctica, la experiencia, la equidad y las ciencias y artes afines y auxiliares y la moral, para alcanzar y establecer, con expresión motivada, la certeza sobre la prueba que se produce en el proceso.[41]

Entre las consecuencias fundamentales de la sana crítica encontramos:[42]

---

[41] *Vid*: ARAZI, ROLAND: *La Prueba en el Derecho Civil.* Buenos Aires (Argentina): Ediciones La Rocca, 1991, pp. 89 y s. Citado por BARRIOS GONZÁLES,BORIS: *Teoría de la sana crítica.* (ensayo).

[42] Al respecto, un sector de la doctrina considera que se deben considerar estos enunciados como exigencias del principios de la sana crítica mientras que otro sector bastante significativo considera que se trata de consecuencias de dicho principio. A mi criterio se deben considerar dichos enunciados como exigencias. Vide: COLECTIVO DE AUTORES: *Temas para el estudio del Derecho Procesal Penal....* P. 84 y ss.

A. *Libertad del órgano jurisdiccional para ponderar los diferentes elementos de prueba.* Esta exigencia se debe al *status* que posee el órgano jurisdiccional como destinatario de la prueba en el juicio oral. En ocasiones encontramos abogados defensores que concentran en la opinión pública sus análisis y reflexiones sobre los medios de prueba discutidos en el juicio oral. En tal sentido dirigen sus cuestionamientos al público y procuran crear una opinión positiva en éste y descuidan el concentrarse en formar una convicción judicial favorable a la tesis más conveniente para la defensa. Generalmente esta labor de marketing profesional obedece a la intención de crear una buena impresión en el público y, de esta manera, obtener más clientes. Los abogados más experimentados utilizan esta técnica publicitaria de sus servicios cuando se encuentran en defensa de un caso evidentemente ""fácil" de resolver o defender; pero muchos abogados más novatos consideran erróneamente que de esta forma lograrán demostrar al mundo sus habilidades de jurista y así hacerce notar más y crecer profesionalmente. Por ello siempre llamo la atención sobre este aspecto porque es un error muy común en nuestros egresados. El abogado debe saber cuándo utilizar técnicas de marketing profesional y cuándo no. También debe saber cuándo combinar estas técnicas con discreción y sin detrimento de la efectividad de la representación jurídica por la que fue contratado. Aquellos que hemos tenido la posibilidad de conversar con jueces y fiscales sobre este aspecto en particular sabemos que esta es una conducta muy mal vista que muchas veces cuando se manifiesta puede ocasionar predisposición contra el abogado por parte del juez. Entonces he aquí un tema que recomiendo tratar con mucha cautela. En otros casos el abogado intenta estar a tenor con la opinión pública cuando el caso es muy notorio y los medios de comunicación intentan atacar a los abogados mediante la formación de una opinión pública negativa de su profesionalidad, valores y condiciones personales. En estas situaciones el abogado sabe que el realizar una defensa efectiva o persistir en ello puede traer consecuencias nefastas para su imagen pública y decide abandonar el caso o simplemente flexibilizar la intensidad de su representación. Aquí estaríamos entrando en una cuestión ética que amerita un gran debate en nuestro gremio. No obstante, en esta obra no me centraré en ello, pero sí hago un llamado a su reflexión y análisis personal por parte del lector, aunque ya, de antemano, destaco que considero esta actitud muy deporable para un abogado defensor. En resumen, debemos tener muy presente de que el destinatario de la prueba es el juez, él es la autoridad y es a él a quien hay que dirigirse, impresionar y convencer. Esta es una perspectiva que no debemos perder nunca. Las presiones externas están de más y el abogado defensor debe saber que no puede dejarse intimidar por ellas. La única presión que éste debe temer y obedecer ciegamente es la que impone la justicia y la ley.

B. *Necesidad de una "mínima actividad probatoria" de signo incriminatorio para desvirtuar la presunción de inocencia.* En epígrafes anteriores había abordado este tema. No obstante, conforme a los objetivos de este epígrafe, se hace necesario profundizarlo mediante otras reflexiones adicionales. La actividad probatoria, además de ser una necesidad en todo proceso penal, debe ser suficiente. Es precisamente en ese término que descansa esta exigencia de regla de la sana crítica; pues una actividad probatoria escasa e ineficiente constituye un impedimento funcional de dicho principio. El abogado defensor a la hora de evaluar y valorar la sana crítica en la sentencia judicial debe tener muy claro estos dos presupuestos: *suficiencia* y *eficiencia*. Cuando se habla de suficiencia se hace referencia a la cantidad de prueba necesaria que debe aportar quien tiene la carga probatoria para construir el hecho que posteriormente se declarará probado en la sentencia. Si el fiscal narra en sus conclusiones definitivas un hecho que no es soportado por las pruebas correspondientes entonces el juez no podrá fundamentar su fallo, conforme a la sana crítica, por insuficiencia probatoria. Es aquí donde el abogado defensor debe aprovechar la coyuntura que la propia ley, el diseño y la dinámica del juicio oral le ofrece para destacar dicha carencia probatoria y preparar, en caso de que el tribunal omita sus recomendaciones, una futura fundamentación de un recurso de apelación o casación. En igual sentido, la cantidad de prueba aportada al juicio oral por quien tiene la carga probatoria no siempre es eficiente; pues se puede aportar suficientes pruebas sin que provoquen los efectos que de ellas se espera. Eso se debe a que la eficiencia probatoria no está dada por la cantidad de pruebas aportadas sino por la calidad de las mismas conforme a la objetividad que exige el propio proceso penal. Cuando los elementos de pruebas son suficientes pero defectuosos se considera que éstos no cumplen con la eficiencia necesaria para fundamentar en ellos la sana crítica. Aquí el abogado defensor juega también un papel importantísimo porque muchas veces, por no decir casi siempre, le corresponde a él llamar la atención del tribunal sobre este aspecto para prevenir un quebrantamiento de la sana crítica y una consecuente dilatación de la situación de su representado mediante la concurrencia de subsiguientes procesos de impugnación de la sentencia judicial. Por ello, si tuviera que resumir esta doctrina diría que la exigencia de una mínima actividad probatoria para cumplimentar la funcionalidad del principio de la sana crítica tiene su esencia en la suficiencia y eficiencia de las pruebas aportadas en el juicio oral. Teniendo clara esta idea debemos comprender de que la minimalidad exigida es sinónimo, en este caso, de necesariedad; esto significa, que la "mínima actividad probatoria" es lo mismo que decir "actividad probatoria necesaria e imprescindible" y la minimalidad al igual que la necesariedad, en tanto sinónimos en este contexto, subsumen en sí mismas la idea de suficiencia y eficiencia antes planteada.

En lo que respecta al término "signo incriminatorio" debo destacar que no se hace referencia a las condiciones personales o de vida del acusado (al menos que por las características del hecho lo amerite) sino al hecho mismo que constituye el objeto del proceso penal. El abogado defensor también debe estar muy atento a que en el juicio oral se sometan a discusión elementos de prueba que de verdad puedan ser objetivos y congruentes con el objeto del proceso. Tengamos en cuenta que debemos evitar el llamado "efecto campana" y esa es una técnica que muchas veces utiliza la acusación para influenciar la psiquis de los jueces; por lo que recomiendo evitar constantemente que se discutan aspectos personales negativos del acusado o se introduzcan reflexiones incongruentes con el objeto del proceso y, en cambio, se concentre el debate sobre las pruebas incriminatorias que sean eficientes, suficientes y puedan atentar contra el estado de presunción de inocencia del que goza el acusado durante el proceso penal.

C. *La prueba debe ser producida en el juicio oral con las garantías procesales requeridas*. En el juicio oral rige el principio de inmediación, el cual establece que la relación del tribunal con el acusado, el abogado defensor, los órganos y fuentes de prueba debe ser personal e ininterrumpida. Esto significa que el tribunal examina personalmente cada elemento de prueba y llega a su propia conclusión por su contacto con las mismas.[43] Durante este examen personal de los elementos de pruebas en el juicio oral el abogado defensor debe estar presente y contribuir al análisis de las mismas aportando sus puntos de vistas al respecto y contradiciendo aquellas reflexiones que establezca el fiscal, si corresponde. En todo ese debate se deben respetar los principios procesales y la ley. Cualquier acto realizado contra los principios rectores del

---

[43] En opinión de FENECH: "El principio de la inmediación aspira a constituir una norma de conducta para el juzgador penal en materia de prueba en un doble aspecto: subjetivo o formal y objetivo o material. En el primer aspecto, la inmediación aspira a que el juzgador se relacione lo más directamente posible con los medios de prueba, presenciando a ser posible la práctica de los mismos. En el segundo aspecto, la inmediación tiende a que el juzgador dé preferencia para formar su convicción a aquellos medios de pruebas que se encuentran en más directa relación con el hecho que se pretende probar". *Vid.*, FENECH, MIGUEL: *Derecho Procesal Penal*, t. I, Ed. Labor, Barcelona, 1960, p. 610. Nota tomada de RIVERO GARCÍA DANILO Y PÉREZ PÉREZ, PEDRO: ob. Cit.(*El juicio oral...*) Nota no 12.

proceso, especialmente del juicio oral, y las disposiciones legislativas podrán ser declarados nulos por el propio tribunal o por otro tribunal superior en un respectivo recurso de impugnación posterior. En esta ocasión quisiera señalar un aspecto importante referente a las pruebas documentales por ser de usual ocurrencia en nuestros estrados. Sucede que en ocasiones las pruebas documentales son introducidas sorpresivamente en el juicio oral por el fiscal sin que el tribunal brinde la posibilidad al abogado defensor de impugnar los documentos o al menos contraprobar el contenido de éstos.[44] En estos casos crea un estado de indefensión al acusado por no haber tenido la posibilidad de contradecir y defenderse oportunamente. También son bastante controversiales los casos en los que el abogado defensor durante el juicio oral insiste oportunamente en la práctica de una prueba determinada pero el tribunal no la

---

[44] *Vid.*, CLIMENT DURÁN, CARLOS: "*La prueba documental en el proceso penal*". *Revista del Poder Judicial*, Madrid, nos. 41-42, p. 231, 1997.

estima necesaria y determina no practicarla. Muchas veces los tribunales llevan a cabo esta conducta bajo el fundamento erróneo de que el hecho sometido a prueba ya quedó demostrado, o se presume verdadero, lo cual significaría un prejuzgamiento del caso. Ante esta situación recomiendo siempre establecer inmediatamente una protesta y exigir que se consigne la misma en el acta del juicio oral, pero enfatizando en las razones que motivan la insistencia por parte del abogado defensor. Ello posibilitará posteriormente recurrir a un recurso de impugnación de manera efectiva.

D. *El acta del debate debe contener – de forma extractada o resumida – lo acontecido en este acto con los medios de prueba.* Todo lo que acontece en el debate debe estar reflejado de la manera más fiel posible en el acta, especialmente los resultados de los medios de pruebas practicados durante el juicio oral y aquellas reflexiones realizadas por las partes. Este aspecto es bien importante porque, además de ser el acta de juicio oral un escudo para el juez que falla en el caso, constituye un instrumento importante para el abogado defensor que recurre a una instancia judicial superior para impugnar una sentencia. Por esas razones siempre insisto en exigir que se haga constancia en el acta de todas las discordias, protestas, objeciones que realice el abogado defensor y velar porque quede bien explicadas las fundamentaciones jurídicas y legales que motivan a tales acciones. Aquí el problema se suscitaría respecto a cómo reaccionar ante cualquier discordancia con lo que se ha plasmado en el acta de juicio oral a la hora de que las partes vayan a firmar la misma. Al respecto cada país tiene su legislación correspondiente y en muchos casos, como en Cuba, el consejo de gobierno del tribunal supremo emite acuerdos que permiten dilucidar estas controversias de manera efectiva y rápida. No obstante, recomiendo al lector indagar en su legislación nacional respecto a las posibles soluciones reguladas para esta situación.

E. *La motivación fáctica de la sentencia.* La sana crítica guarda una estrecha relación con la motivación fáctica de la sentencia por cuanto la motivación es aquello que se deriva de una necesidad previa y un interés por resolver o satisfacer esa necesidad. En el ámbito del proceso penal, lógicamente, la necesidad a la que hacemos mención no puede ser otra que restaurar un equilibrio social que ha sido quebrantado por medio de una conducta indeseada y por tal prohibida por la ley (un delito). En tal sentido el interés sería la resolución de ese conflicto que conlleva al proceso penal. La motivación, entendida ésta como la prioridad que dan los sujetos a determinados intereses para satisfacer sus respectivas necesidades, sería por consiguiente, establecer una pena adecuada para quien ha cometido un delito. Solamente así el Estado consigue restablecer un balance en el sistema de relaciones sociales imperante en la sociedad y, a su vez, reincorporar en lo posible a los patrones morales, éticos, políticos y filosóficos deseados a quienes han desviado supuestamente su conducta hacia la práctica de relaciones sociales nocivas para la sociedad. Entonces, la motivación de la sentencia debe estar fundamentada esencialmente a lograr los objetivos antes descritos. Con esto quiero decir que el juez por medio del poder que le ha conferido el Estado para administrar justicia en un caso concreto debe fundamentar la pena y la sanción que dictamina en la sentencia; o sea, que debe justificar los motivos que conducen a un razonamiento, mediante el examen de los presupuestos fácticos y normativos. Por eso no debe pensarse que un juez debe explicar su fallo en la sentencia sino que debe fundamentarlo porque mientras que en la fundamentación se justifica razonadamente en la explicación simplemente se indican los motivos o antecedentes causales de una acción, esto es, señalar el *iter* lógico que le ha permitido al juez o tribunal llegar a la decisión, sin mayores connotaciones intelectivas.[45] El abogado defensor debe tener clara esta diferencia para poder determinar cuándo se encuentra ante una sentencia mal motivada;

---

[45] ESPINOSA CUEVA, CARLA: *Teoría de la motivación de las resoluciones judiciales y jurisprudencia de casación y electoral.* Ed. Tribunal Contencioso electoral y Corte suprema de Justicia. Quito, Ecuador. 2010. P. 50.

ya que muchas veces los abogados dan por motivada una sentencia que simplemente ha sido explicada por el juez y pierden la posibilidad de fundamentar en ello un recurso de impugnación en una instancia superior. Desde una perspectiva criminológica también este es un aspecto que el abogado debe tener muy en cuenta porque aveces ejercemos en ordenamientos jurídicos donde la pena privativa de libertad se configura legalmente como una pena primaria cuando no debería ser así y en ocasiones nos encontramos ante casos en los que evidentemente la pena privativa de libertad no responde a estos fines para lo que se motiva el proceso penal y la sentencia misma. Con una adecuada fundamentación de lo antes aquí expuesto el abogado defensor puede obtener grandes beneficios para su defendido si sabe cómo instrumentar bien estos fines con todo lo que ha venido aconteciendo en el juicio oral. Un elemento que puede servir de brújula en esta técnica es precisamente la observancia de la sana crítica; pues el juez debe fallar siempre conforme a la sana crítica, pero sin olvidar la motivación jurídica de su sentencia y la correspondencia de dicha motivación jurídica con las pruebas practicadas en el juicio oral (motivación fáctica). Es precisamente la armonía necesaria entre el principio de congruencia ya estudiado aquí, la sana crítica y los fines de la pena el termómetro que determina la calidad de la motivación de la sentencia. Todo ello se expresa finalmente en la aplicación de una pena y sanción adecuadas. Por eso todo lo que hemos visto hasta aquí no puede ser valorado aisladamente sino íntegramente y si el abogado defensor no pierde esta perspectiva será muy difícil que un proceso penal concluya con resultados injustos e indeseados por él y su defendido. Así podemos concluir con la acertada definición de DE LA RÚA para quien la motivación de la sentencia es esencialmente "un elemento intelectual, de contenido crítico, valorativo y lógico, que consiste en el conjunto de razonamientos de hecho y de derecho en que el juez apoya su decisión"[46]

---

[46] DE LA RÚA, FERNANDO: *Teoría general del proceso,* Ediciones Desalma, Buenos Aires, 1991, p. 146.

F. *El control judicial de estos requerimientos a través de los medios de impugnación que resulten pertinentes.* No basta con que el juez contemple y obedezca la regla de la sana crítica, pues también se requiere que existan mecanismos internos dentro del aparato judicial para controlar y rectificar si fuera necesario la observancia de este principio. Es por estas razones que por mandato de la ley se establecen dentro de las propias instancias del sistema judicial un sistema de actos concernientes a la revisión y control de las resoluciones judiciales dictadas a instancias inferiores. El derecho a la impugnación como derivado del derecho a la defensa permite enlazar este sistema de control judicial de los requerimientos legales y jurídicos para la dictaminación de cada caso concreto con la posibilidad de que el abogado defensor sea quien excite al órgano jurisdiccional de instancia superior para que controle y rectifique, de ser necesario, la sentencia dictada previamente por una instancia menor.[47] El marco del control judicial comprende todos los principios que de una manera u otra se manifiestan en el proceso penal y se evidencian en la sentencia. En tal sentido la sana crítica es uno de ellos. Con todo esto quiero significar que la observancia y respeto a la sana crítica es sin duda alguna una causal y fundamento indiscutible de impugnación que todo abogado debe tener en cuenta.

11. Principio de Correlación entre la imputación y la sentencia.

Conforme a este principio el órgano jurisdiccional en su resolución definitiva debe ajustarse al objeto del proceso, no pudiendo variar o alterar los términos en los que se desarrolló el debate judicial.[48] Esto quiere decir que el órgano jurisdiccional está limitado por las partes en cuanto no puede decidir más allá de los tópicos

---

[47] El uso de los medios de impugnación de las resoluciones y sentencias judiciales no es exclusivo del abogado defensor, pues la acusación también puede hacer uso de tales derechos en su condición de parte procesal.

[48] COLECTIVO DE AUTORES: *ob. Cit.(Temas de Derecho Procesal Penal ...).* P.257

propuestos a su consideración. En este sentido la acusación en su imputación fija en un primer momento el objeto del proceso penal, entendiéndose por ello un hecho individualizado considerado delito y no precisamente una consecuencia jurídica o un título determinado de delito.[49] Serán parte también del objeto del proceso todos aquellos elementos que contenga el pliego acusatorio y, especialmente, aquellos con los que no concuerde el abogado defensor en sus conclusines provisionales. Entre dichos elementos encontramos:

1- los hechos sancionables que resulten de las actuaciones.

2- la calificación legal de los hechos.

3- El concepto de la participación que en ellos hayan tenido los acusados contra los que se ejercite la acción penal.

---

[49] GÓMEZ OPRBANEJA, EMILIO; HERCE QUEMADA, EMILIO: *Derecho Procesal Penal*, en *Derecho Procesal* Vol.II, Madrid, España. 1954.

4- Los hechos que resulten de las actuaciones que constituyen circunstancias modificativas o eximentes de la responsabilidad penal.

5- Las sanciones en las que hayan incurrido el o los acusados por razón de sus respectiva participación en el delito, y medidas de seguridad que, en su caso, deben imponerse.

6- Si se sostiene la acción civil se comprende entonces :

- La cosa que haya de ser restituida o la cantidaden que se aprecien los daños y perjuicios causados por el delito.

- El modo en que ha de procederse para la reparación del daño moral al perjudicado o perjudicados

- La persona o personas que estén obligadas a la restitución de la cosa o a la reparación de los daños y perjuicios de que aparezcan responsables, y el hecho o circunstancias en virtud de los cuales hayan contraído esa obligación.

El abogado defensor tiene un papel importante en la fijación del objeto del proceso mediante sus conclusiones provisionales. Algunos abogados responden a cada una de las conclusiones provisionales del fiscal de manera conciente en lo que respecta a declarar si están de acuerdo o no con cada conclusión. Claro está que ello reduce de alguna manera ese objeto del proceso penal, aunque esta consideración aún genera gran controversia en la doctrina procesal. Sin embargo, otros abogados prefieren declarar desde un primer momento su inconformidad con las conclusiones provisionales de la acusación para así tener un margen abierto de posibilidades de explotar los beneficios y consecuencias del principio contradictorio que rige el proceso penal. Aunque esta posición no es la más ética sí es una de las más practicadas y recomendadas a voces entre muchos abogados penalistas. No obstante, siempre recomiendo la primera alternativa.

Otro aspecto que debemos tener en cuenta en este tópico es que en el proceso penal no rige la *mutatio libelli* que rige el proceso civil en el que el objeto del proceso puede ser cambiado. Por eso el abogado defensor debe valorar con mucha cautela el contenido del pliego acusatorio y responder sus conclusiones provisionales con conciencia y responsabilidad. También suele suceder que en el transcurso del juicio oral (no antes), aparezcan elementos que varíen sustancialmente el objeto del proceso. Así sucede, por ejemplo, cuando se producen revelaciones o retractaciones inesperadas; pero reitero que siempre que dichas manifestaciones alteren sustancialmente el hecho imputado, o permitan suponer, fundadamente, que otras personas, contra las que no se ha abierto el juicio, deban responder de él.[50] Este es el caso en el que se juzga por un delito de lesiones graves y durante la celebración del juicio oral se recibe la noticia que producto de esas lesiones la víctima ha fallecido. También puede ser este el caso en el que se juzga por un delito cualquiera y durante el juicio oral se recibe un informe de la fiscalía declarando que el acusado es inocente y se ha capturado a los verdaderos culpables. En este último supuesto en cada país la legislación

---

[50] Ejemplo tomado del Artículo 746, apartado sexto de la Ley de enjuiciamiento criminal Española.

establece los diferentes actos a seguir, pero la pauta doctrinal considero que la ha marcado ROXÍN cuando refiere que "[...] Si en esta etapa se evidencia acaso la inocencia del acusado, en general, el desarrollo del procedimiento que conduce al juicio oral ya no puede ser 'detenido'; con la apertura del procedimiento principal el acusado adquiere el derecho a rehabilitarse en un juicio público! Sin embargo, rigen varias excepciones a este principio [...]".[51]

Ahora bien, no debe confundirse estas ideas con el hecho de que alguna de las partes o restantes sujetos intervinientes en el proceso penal cometa un delito durante la realización del juicio oral, pues en tal caso no se ha mudado sustancialmente el objeto del proceso sino que se ha ejecutado un nuevo delito que obliga al tribunal a ordenar la detención de sus respectivos autores y su puesta a consideración de la autoridad competente (aunque los miembros de ese tribunal no podrán formar parte del nuevo tribunal que se

---

[51] ROXÍN, CLAUS: *Derecho procesal penal*, Editores del Puerto, Buenos Aires, 2000, p. 356 y ss

constituya para juzgar tales delitos).[52] También puede suceder que durante el juicio oral el tribunal conozca de la ocurrencia previa de un delito perseguible de oficio y ajeno al hecho objeto del proceso en cuestión. En tal caso igualmente deberá poner la información correspondiente a disposición de la fiscalía para que proceda conforme establece la ley (siempre dejando constancia en el acta del juicio oral). Lo importante de todo esto es que el abogado defensor debe estar muy atento a estos supuestos para evitar desde un primer momento que estas situaciones influyan en el proceso de formación de la convicción judicial de manera negativa conforme a sus propósitos; y también para velar de que el tribunal no obre de manera errónea al considerar hechos o circuntancias que rompan la correlación debida entre la imputación y la sentencia dictada finalmente.

---

[52] Un ejemplo puede ser aquellos casos en los que los peritos, testigos, las personas del público asistente al juicio oral, las partes o sus representantes incurren en faltas que revistan caracteres de delito.

12. *Non reformatio in peius.*

El principio conocido como *Non reformatio in pegius* (sin reformas peyorativas) se traduce como la prohibición de que un tribunal de justicia distinto y superior a aquel que dicta la sentencia impugnada por las partes (*ad quem*) examine algún aspecto que no haya sido objeto del recurso de impugnación. En tal sentido sólo podrá excederse el tribunal cuando las consecuencias de dicho exceso sea beneficioso para el acusado. Tampoco podrá el tribunal *ad quem* modificar la resolución impugnada en perjuicio del acusado cuando éste hubiera sido el único recurrente, o el fiscal hubiese recurrido a su favor.[53] Las razones jurídicas de este principio se encuentran en la lógica de que ningún acusado impugnaría una sentencia si supiera que corriera el riesgo de que su situación empeorara con la desición del tribunal *ad quem*. Con ello se enarbola, además, el derecho a la defensa.

---

[53] COLECTIVO DE AUTORES: *Ob. Cit* (*Temas para el Estudio del Derecho Procesal Penal...*). P.80.

El abogado defensor tiene en el principio *non reformatio in peius* una causal de revisión de la sentencia del tribunal *ad quem* que puede utilizar satisfactoriamente en el caso concreto si sabe cómo fundamentarlo adecuada y oportunamente.

13. Principio *de preclusión procesal.*

La preclusión procesal se relaciona directamente con los términos que la ley fija para la realización de los actos procesales y acciones dentro del mismo proceso penal. Conforme a este principio cada acto procesal debe ser realizado oportunamente en un lapso de tiempo predeterminado por la ley. Sus efectos inmediatos son dos a saber: por un lado, todo acto realizado en el periodo de tiempo establecido por la ley surtirá todos los efectos jurídicos permitidos por la propia ley si cumple todos los requerimientos legales necesarios y, por otro lado, todo acto realizado fuera del periodo establecido legalmente no surtirá las consecuencias jurídicas por las cuales fue previsto dicho acto. En otras palabras: el principio de preclusión exige o determina el momento procesal oportuno de cada acto procesal. Como es evidente, este principio no opera de manera aislada a los restantes principios que rigen el proceso penal, especialmente con el de legalidad y los de concentración y celeridad que rigen el juicio oral. De igual manera el derecho a impugnación, la prescripción de las acciones y los términos de firmeza de las resoluciones judiciales encuentran parte de sus fundamentos jurídicos en el principio de preclusión como presupuesto. Para el abogado defensor el principio de preclusión representa, coloquialmente hablando, un arma de doble filo. Por un lado es una garantía procesal y un instrumento de exigencia de las consecuencias jurídicas que de éste se deriven en beneficio de su representado; pero por otro lado puede constituir un freno a la instrumentación de la defensa si los actos no son realizados en su momento procesal oportuno. Un ejemplo es el caso en que el abogado no interpone en el tiempo requerido un recurso de impugnación o simplemente no establece una queja o protesta durante el juicio oral.

Bibliografía

- AGUILERA DE PAZ, ENRIQUE (1914): *Comentarios a la ley de enjuiciamiento criminal*, t. V, Ed. Hijos de Reus, Madrid.
- ALBIN ESER, M. (1987): *La posición jurídica del inculpado en el derecho procesal penal de la República Federal Alemana*, Ed. Colegio de Abogados de Madrid, Madrid.
- ANTILLÓN, WALTER (2001): *Teoría del proceso jurisdiccional*, Ed. Investigaciones Jurídicas S.A., Costa Rica.
- ANTÓN MITTERMAIER, KARL JOSEPH (1993): *Tratado de la prueba en materia criminal*, Ed. Hammurabi, Buenos Aires.
- ASENCIO MELLADO, JOSÉ MARÍA (1989): *Prueba prohibida y prueba preconstituida,* Ed. Trivium, S. A., Madrid.
- BACIGALUPO, ENRIQUE (1995): *La impugnación de los hechos probados en la casación penal y otros estudios*, Ed. Ad-Hoc, Buenos Aires, Argentina.
- BELING, ERNEST (1943): *Derecho Procesal Penal,* Ed. Labor, S.A. Barcelona.

- BERGMAN, PAUL (1989): *La defensa en juicio*, Ed. Abelledo-Perrot, Buenos Aires, Argentina.
- BINDER BARRIZZA, ALBERTO (1991): *El proceso penal*, Ed. ILANUD, Costa Rica.
- ------------------------- (1993): *Introducción al derecho procesal penal,* Ed. Ad-Hoc, Buenos Aires.
- BINDER, ALBERTO Y OTROS (1996): *La implementación de la reforma procesal penal*, Ed. Centro de Desarrollo Jurídico Judicial, Santiago de Chile.
- BODES TORRES, JORGE (2001): *Sistema de justicia y procedimiento penal en Cuba*, Ed. Ciencias Sociales, La Habana.
- CAFFERATA NORES, JOSÉ I. (1994): *Introducción al Derecho procesal penal,* Ed. Marcos Lerner, Córdoba.
- ------------------------- (1994): *La prueba en el proceso penal,* Ed. Depalma, Buenos Aires.
- ------------------------- (1996): *Derechos individuales y proceso penal*, Ed. Córdoba S.R.L.
- ------------------------- (1997): *Cuestiones actuales sobre el proceso penal,* Editores del Puerto, S.R.L., Buenos Aires.

- ------------------------ (1998): *Derecho procesal penal, consensos y nuevas ideas,* Imprenta del Congreso de la Nación, Buenos Aires.

- ------------------------ (2002): *La investigación penal, su necesaria eficacia en un estado de derecho,* Ed. Mediterránea, Córdoba.

- Carnelutti, Francesco (1950): *Lecciones sobre el derecho penal,* Ed. Bosch y Cia., Buenos Aires.

- ------------------------- (1989): *Las miserias del proceso penal,* Ed. Temis, S. A., Bogotá.

- Carrio, Alejandro (1990): *El enjuiciamiento penal en la Argentina y en los Estados Unidos,* Ed. Universitaria de Buenos Aires, Buenos Aires.

- ------------------------ (1991): *Garantías constitucionales en el proceso penal,* Ed. Hammurabi, Buenos Aires.

- CASASUS, J. (1950): *Código de Defensa Social,* t. II, [s.n.], La Habana.

- CLIMENT DURÁN, CARLOS Y OTROS (1997): *Revista del Poder Judicial,* nos. 41 y 42, Ed. Mateu-Cromo, Madrid.

- ESCUSOL BARRA, ELADIO (1993): *Manual de derecho procesal penal,* Ed. Colex, Madrid.

- FAIREN GUILLÉN, VÍCTOR (1968): *Temas del ordenamiento procesal*, Ed. Tecnos, Madrid.
- FENECH, MIGUEL (1960): *Derecho procesal penal*, t. I y II, Ed. Labor, Barcelona.
- FERNÁNDEZ BOIXADER, NARCISO (1962): *El abogado ante el juicio oral*, Ediciones Santlllana, Madrid.
- FERRAJOLI, LUIGI (1995): *Derecho y razón,* Ed. Troya, S. A., Madrid.
- FONTANET MALDONADO, JULIO E. (1999): *Principios y técnicas de la práctica forense*, Ed. Jurídica, Editores, Puerto Rico,.
- GIMENO SENDRA, VICENTE y otros (1993): *Derecho procesal. Proceso penal*, Ed. Tirant Lo Blanch, Valencia.
- GÓMEZ COLOMER, JUAN L. (1985): *El proceso penal alemán, introducción y normas básicas,* Ed. Bosch, Barcelona.
- GÓMEZ ORBANEJA, EMILIO Y VICENTE HERCE QUEMADA (1954): *Derecho procesal penal,* vol. II, 4ta ed., Ed. Artes Gráficas y Ediciones S. A., Madrid,.
- HASSEMER, WINFRIED (1984): *Fundamentos del Derecho penal,* Ed. Bosch, Barcelona.

- IBÁÑEZ, PERFECTO ANDRÉS Y OTROS (1995): *Proceso penal y actuación de oficio de jueces y tribunales*, Ed. Consejo General del Poder Judicial, Madrid.
- INSTITUTO IBEROAMERICANO DE DERECHO PROCESAL (1990): *Código Procesal penal modelo para Iberoamérica*, Ed. Ministerio de Justicia, Madrid.
- JESCHEEK, H. H. (1981): *Tratado de derecho penal*, Ed. Bosch, Barcelona.
- JIMÉNEZ DE ASÚA, LUIS (1943): *Defensas penales*, Ed. Losada, S.A., Buenos Aires.
- MENDOZA DÍAZ, JUAN (2001): *Lecciones de derecho procesal penal*, Ed. Universidad Autónoma "Juan Misael Seracho", Bolivia.
- MIR PUIG, SANTIAGO Y OTROS (1992): *La sentencia penal*, Ed. Consejo General del Poder Judicial, Madrid.
- MITTERMAIER, KARL, J. A. (1993): *Tratado de la prueba en materia criminal,* Ed. Hammurabi, S.R.L., Buenos Aires.
- MONTERO AROCA, JUAN y otros (1999): *Derecho jurisdiccional, Proceso penal*, Ed. Tirant Lo Blanch, Valencia.

- Muñoz Conde, Francisco (2000): *Búsqueda de la verdad en el proceso penal*, Ed. Hammurabi, Buenos Aires.
- Osorio, Ángel (1997): *El alma de la toga*, Ed. Valleta S.R.L., Argentina.
- Prieto Morales, Aldo (1977): *Derecho procesal penal*, Ed. Orbe, La Habana.
- Requejo, Fidel (1949): *Acuerdos del Tribunal Supremo*, Ed. FORUM, La Habana.
- Rivero García, Danilo (1997): *Oralidad del proceso penal en Cuba, justicia para todos*, Ed. FESPAD, San Salvador.
- Roxín, Claus (1993): *El ministerio público en el proceso penal*, Ed. Ad-Hoc, Buenos Aires.
- ------------------ (2000): *Derecho procesal penal,* Editores del Puerto, Buenos Aires.
- ------------------ (2000): *Política criminal y Sistema del Derecho penal*, Ed. Hammurabi, Buenos Aires.
- Tribunal Supremo Popular (2000): *Importancia del interés social y la racionalidad en las decisiones judiciales*, Ediciones TSP, La Habana.
- Vallejo Najera (1969): *Introducción a la psiquiatría*, Ed. Científico Médica, Barcelona.

- VÁZQUEZ ROSSI, JORGE EDUARDO (1995): *Derecho procesal penal*, Ed. Kubinzal-Culzoni, Sante Fé, Argentina.
- ----------------------------- (1996): *La defensa penal*, Ed. Kubinzal-Culzoni, Sante Fé, Argentina.
- VIVES ANTÓN, TOMÁS y otros (1992): *Principios del Derecho procesal Penal*, Ed. Consejo General del Poder Judicial, Madrid, España.

Tema III: Estrategias útiles a tener en cuenta durante el juicio oral.

Sumario:

1. Técnicas recomendables para el interrogatorio de los testigos en el juicio oral.
2. Principios de programación neurolingüística aplicada al ejercicio jurídico de la defensa penal en el juicio oral.

1. Técnicas recomendables para el interrogatorio de los testigos en el juicio oral.

Durante los temas anteriores, especialmente el primero de ellos, abordamos un conjunto de aspectos que evidencian las razones por las que muchas veces un abogado defensor podía fracasar en su estrategia durante el proceso penal. En esas líneas expuse algunas recomendaciones que resumo suscintamente en las siguientes sugerencias:[54]

- El abogado representa mejor su papel si no tiene que atenerse a un texto, especialmente porque es imposible anticipar todos los aspectos del juicio.
- Las objeciones –sólo si son necesarias- deben formularse de pie y en voz alta para tomar control de la Sala.
- El abogado debe dirigirse al Juez; debe evitar las discusiones largas y complicadas sobre la procedencia de preguntas, y si el Juez dictaminó, no debe continuar discutiendo.

---

[54] GOLDBERG STEVEN: *Mi primer Juicio Oral*. Ed.Heliasta, Buenos Aires, Argentina. 1994. P. 237-254.

- No debe provocar que el Tribunal pierda su autoridad en la Sala de Audiencias, más bien debe procurar ofrecerle la oportunidad de cambiar el dictamen.
- Debe representar su papel con precisión, autoridad, persuasión y lógica.
- Debe recordar ante todo que su reputación debe afirmarse y reafirmarse con cada caso. La mala reputación que se forma en juicio le acompañará toda su vida.

En el presente acápite pretendo dar continuación a estos temas a partir de un conjunto de recomendaciones enfocadas y explicadas ahora desde la psicología jurídica y algunas técnicas de programación neurolingüística. Uno de los temas más recurrentes en todos los espacios en los que he tenido la posibilidad de participar es el interrogatorio. Al respecto recomiendo a los abogados utilizar dos de las técnicas de interrogación existentes conocidas como *técnica responsiva* y *técnica del relato*. La técnica responsiva es más dirigida y consiste en interrogar al testigo específicamente sobre un hecho, situación o circunstancia determinada.

Esta técnica procura una concreción de la información, pero tiene como desventaja que al referirse a cuestiones tan específicas no proporciona una certeza global de los datos obtenidos. Esta forma de interrogación comprende fundamentalmente preguntas identificadoras (para que el testigo describa) y preguntas de respuestas sí-no[55] o simplemente preguntas de selección. En cambio, la técnica del relato es considerada por muchos expertos la más conveniente porque mediante ésta el testigo puede referir todo lo que sabe respecto al hecho objeto del proceso. De esta manera se logra menor concreción, pero mayor exactitud en el testimonio conforme a las informaciones necesarias para contribuir a la formación de la convicción judicial de una manera más amplia,

---

[55] Este es un tema muy controversial en la doctrina procesal moderna porque muchos especialistas consideran que las preguntas que llevan como respuestas un *sí* o un *no* son preguntas capciosas y por tal deben ser prohibidas durante el juicio oral. No obstante, otra parte de los expertos consideran que este tipo de preguntas no implican una manipulación del interrogatorio al no contaminar la lógica ni el contenido o información que posteriormente se pueda obener en otros testimonios y, especialmente, porque no inciden negativamente ni distorcionan el normal proceso de formación de la convicción judicial.

lógica y coherente. Personalmente recomiendo utilizar una combinación de ambas técnicas en la que primero se utilice la forma de relato sobre determinados aspectos del propio hecho objeto del proceso y posteriormente se emplee la forma responsiva sobre determinados detalles y circunsancias del hecho que el abogado quiera resaltar o aclarar en sus conclusiones finales. Ahora bien, el abogado defensor debe tener muy presente que la prueba narrativa por sus características se fundamenta en el recuerdo, por lo que siempre va generar más omisiones de aspectos relevantes que comisiones; es decir, será más fácil que el testigo olvide determinados aspectos relevantes a que agregue algunos aspectos que realmente nunca existieron (como puede ser exagerar los hechos, las circunstancias, consecuencias materiales y psicológicas en la víctima o agregar actos que realmente nunca sucedieron).[56] Por estas razones se recomienda prestar mucha atención al orden de las preguntas. Se ha demostrado que cuando el orden de las preguntas se corresponde con el

---

[56] Esta afirmación no significa que ello no pueda suceder, pero el margen de posibilidades es mucho menor.

orden de los hechos la exactitud en el testimonio es mayor y el abogado puede, además, influir en dicha exactitud en dependencia de las preguntas que utilice para interrogar. En tal sentido se recomienda siempre comenzar los interrogatorios con las palabras quién, cómo, qué, cuándo, dónde o por qué.[57]-[58]

A veces los abogados pretendemos hacer muchas preguntas sugestivas a nuestros testigos para guiarlos en las respuestas que deben dar (sugestionar) y ello, además de estar prohibido generalmente en la ley, es peligroso porque de la misma forma que los testigos se sugestionan y adaptan a nuestros intereses con nuestras preguntas también se sugestionan a los intereses de nuestra contraparte procesal con su interrogatorio. Lo que sucede aquí es que el testigo, a diferencia del acusado o la víctima, no tiene un interés en conservar integralmente sus recuerdos y, por tanto, casi siempre va a adoptar

---

[57] Así en vez de preguntar ¿Usted llegó primero? Se debe preguntar ¿Quién llegó primero?
[58] ROMERO SOTO, JULIO: *Técnica Jurídica de Investigación Penal e Interrogatorio.* Librería Ediciones del Profesional Limitada. Págs. 103-164.

un movimiento instintivamente egoísta que lo lleva a adaptarse con facilidad al pensamiento y estilo del interrogante para evitar así cualquier fatiga o sobresalto.[59] Entonces recomiendo siempre evitar la mayor cantidad de preguntas sugestivas. De igual manera resulta prudente evitar siempre las preguntas expectantes. Éstas son las preguntas en las cuales se obliga al testigo a dar un grupo de respuestas determinadas sin que tenga la opción de brindar otras contestaciones diferentes. Por ejemplo cuando preguntamos: ¿De qué color era la camisa del hombre, blanca o amarilla.? Estas preguntas a veces funcionan para los testigos que propone la acusación cuando los interroga el abogado defensor porque le resulta conveniente, pero no para los de la defensa porque evidentemente aminora la capacidad del testigo para aportar información valiosa. No obstante, por una cuestión ética no se recomienda en ningún caso.

---

[59] MUÑOZ SABATÉ, LUIS, citando a Altavilla en *Técnica Probatoria.* Bogotá, Editorial Temis, 1997. P. 312.

Para evitar que los testigos sean interrumpidos por dilatarse o perderse en sus testimonios se recomienda siempre utilizar la táctica que algunos llaman *cacyl* (corto-ampliación-corto y largo). Esto quiere decir formularles siempre una pregunta que conlleve a una respuesta corta sobre un tema y después solicitarles que amplíen algún aspecto de interés estratégico de esa pregunta. Posteriormente a que el testigo amplíe su testimonio se le formula otra pregunta de respuesta corta y después se le formula una pregunta que conlleve respuesta larga para que el testigo pueda recrearse en la respuesta que brinde. Así suscecivamente se va repitiendo este ciclo. La importancia de la táctica *cacyl* es que para los expertadores, fundamentalmente el juez, las respuestas no resultarán largas, dilatadas, tediosas y cansativas. Además, ello permite al abogado abordar aquellos aspectos de interés y reiterarlos de una manera amena y discreta. De igual manera éste (el abogado defensor) puede mediante esta táctica inducir a su testigo hacia donde quiera llevar el interrogatorio. Para esta táctica recomiendo siempre utilizar la combinación de las técnicas *responsiva* y *del relato* antes tratadas en este capítulo; de manera que las preguntas que conlleven a respuestas cortas correspondan a la técnica responsiva, mientras que las preguntas que conlleven una respuesta larga o de ampliación respondan a la técnica del relato. Para las preguntas que conllevan una ampliación de las respuestas por parte del testigo se recomienda utilizar verbos como "explique", "demuestre", "describa", etc.

Cuando un testigo se encuentra ofreciendo una respuesta debemos tratar de interrumpirlo lo menos posible porque ello puede romper su concentración y hacerlo perder control sobre su testimonio. Esta es una táctica que utilizan mucho los abogados experimentados sobre los testigos de su contraparte procesal para desconcentrarlos y hacerlos perder la ecuanimidad. Este último aspecto es bien importante porque un testigo alterado, desconcentrado y sin ecuanimidad despierta desconfianza en el juez. En un estudio que realicé en 2012 en el Tribunal Provincial Popular de La Habana el 89 % de los jueces entrevistados manifestaba que no confiaban en un testimonio de tales características y generalmente lo desestimaban por lo que preferían complementarlos con otros testimonios para tomarlo entonces en cuenta. También hay que tener en cuenta que de la misma manera que muchos abogados utilizan esta técnica con los testigos de sus contrapartes procesal también la acusación utiliza esta metodología con los testigos de la defensa, por lo que se debe estar muy atento al respecto y, tal como recomendamos en el primer capítulo de esta obra, preparar muy bien al testigo antes de iniciar el juicio oral. De igual manera a veces nos conviene que el testigo no pierda la concentración y coopere con nuestra interrogación. En este caso se recomienda ser muy amable, cortés y fraternal con el testigo para que no se cohíba o se predisponga.

Uno de los mayores errores en los que concurren muchos abogados es cuando preguntan en el interrogatorio al testigo si éste reconoce algún objeto, documento o persona. Conviene que estas preguntas siempre conlleven a una respuesta corta y posteriormente solicitarle al testigo que amplíe o fundamente su respuesta.[60] Tampoco conviene usar muchos tecnisismos jurídicos porque el testigo puede sentirse confundido, por lo que un lenguaje simple y claro sin palabras rebuscadas o muy pintorezcas es siempre recomendado.

2. Principios de programación neurolinguística aplicada al ejercicio jurídico de la defensa penal en el juicio oral.

Uno de los tópicos a los que siempre le confiero gran importancia es el relacionado a las técnicas de programación neurolinguistíca. El ser humano suele guiarse fundamentalmente por dos sentidos: la vista y el oído. Esto quiere decir que lo que el ser humano ve y oye influye grandemente en la concepción que éste tenga del mundo y toda la fenomenología que le rodea. En el ámbito jurídico-procesal, específicamente en el

---

[60] Por ejemplo cuando preguntamos al testigo si reconoce un documento determinado. Entonces sería:
- (abogado)¿reconoce usted este documento?
- (testigo)sí
- (abogado)Por qué?

juicio oral, esta idea está muy vigente por cuanto el juez forma su convicción judicial a partir de las pruebas que examina personalmente. En el interrogatorio el abogado debe procurar toda la información sin llegar a los extremos de generalizaciones, eliminaciones, distorsiones, conjeturas o suposiciones. Las eliminaciones se suscitan cuando concentramos nuestra atención en un punto de vista específico de nuestra realidad y obviamos otros puntos de vista que pueda tener esa misma realidad. En esas circunstancias se eliminan otras posibilidades de apreciación y valoración que pueden ser útiles para la formación de la convicción judicial y la resolución del caso. Por su parte, las generalizaciones se deben a la absolutización de una situación, circunstancia o característica de un objeto o personas. Éstas más bien obedecen a estigmas sociales porque los estigmas nacen precisamente de estas generalizaciones. Ese es el caso, por ejemplo, de los que piensan que todos los pobres son delincuentes o que todas las personas incapacitadas por malformaciones están malditos por Dios, etc. Por estas razones el abogado defensor tiene que estar muy atento a las generalizaciones y cuando las aprecie atacarlas para evitar que influyan en la psiquis del juez. Peor es el caso en el que los jueces sufren estos estigmas, ya sean raciales, culturales, religiosos o de otra índole; porque aunque la ciencia privada del juez ha quedado casi prohibida en todos los ordenamientos jurídicos europeos y latinoamericanos, todavía existen pensamientos arcaicos en algunos magistrados que favorecen a estos tipos de estigmas y generalizaciones. Las distorsiones, en cambio, se relacionan con los estados de ánimos y sentimientos. Se manifiestan cuando una persona está convencida de que una situación determinada se debe a una causa específica sin indagar si realmente es así o no. Las conjeturas, por su parte, se deben a la sustitución de informaciones por otras interpretaciones o deducciones. Por ello el abogado defensor debe saber cuándo un testimonio está fundamentado en conjeturas y no en informaciones fidedignas.

Al juicio oral se va a demostrar algo y no a suponer o generalizar ideas como si fueran reglas científicas y los abogados tienen que cuidar mucho este aspecto para no perder la perspectiva de objetividad que exige la propia naturaleza del proceso penal. Esto también es importante porque así se evita que se caiga en estigmas, etiquetamientos y nociones perjudiciales para el acusado.

Ahora quisiera referirme a un aspecto muy importante: la percepción del juez. Todo lo que se debate en el juicio oral y los medios de prueba practicados tienen como finalidad psicológica influir en la percepción del juzgador para que éste valore y determine lo que considere pertinente para fundamentar su fallo y dictar la sentencia que pondrá fin al proceso. En otras palabras, la percepción es el mecanismo mediante el cual los seres humanos adquieren conocimiento de toda la fenomenología que les rodea.[61] Claro está que lo percibido puede estar influenciado por nuestra subjetividad, por lo que resulta loable para el abogado defensor tener este dato muy presente a la hora de proyectarse hacia el juez durante el juicio oral. Los medios probatorios introducen aquellos elementos de pruebas relevantes para la

[61] JARA MURILLO, MARÍA GABRIELA: *Oralidad en los Procesos Judiciales*. Poder Judicial, Escuela Judicial, Antología.

resolución del proceso penal, pero la manera en que estos elementos de pruebas se presenten al juzgador puede determinar el carácter o intensidad con que éste último los perciba. Es por ello que cada vez cobra mayor importancia el estudio de la psicología jurídico-procesal. Lo que se quiere significar aquí es que la forma en que se establece la comunicación con el juez es muy importante y para ello el abogado defensor debe estar también muy preparado. Tan es así que en el proceso de percepción influye la capacidad intelectual del juzgador, la orientación, todo lo que se aprehende por medio de los sentidos, la memoria, su educación, las emociones y hasta la atención que el juez preste en la intercomunicación con el abogado. Queda claro entonces, por transitividad, que la evaluación y valoración de los elementos de pruebas en el juicio oral está condicionado en gran medida por la percepción del juez.

Estudios realizados han demostrado que en los juzgados se suelen cometer errores relacionados directamente con la percepción del fiscal, el abogado defensor y hasta de los jueces. Por eso traigo a colación algunos de ellos para despertar conciencia al respecto. Entre estos se encuentran:

- Se considera a la mujer peor testigo que los hombres y muchas veces se le otorga credibilidad absoluta al testimonio de los menores bajo el mito de que "los menores nunca mienten".
- Se suele ser más benévolo con personas de clase media y buen aspecto físico.
- Se le otorga mayor credibilidad a los testigos extrovertidos y relajados respecto a aquellos testigos que demuestran nerviosismo o timidez. Es decir, se cree que la seguridad del testigo es un índice de credibilidad, lo que no es correcto.
- Suele producir mejor impresión el testigo-experto o testigo-perito que un testigo tradicional, aunque no lo sea en el área en que declara.
- Se cree que los testigos son exactos al identificar a una persona. Aquí se debe tener en cuenta que mientras más tiempo haya transcurrido desde el suceso delictivo más se

pierden los recuerdos de datos específicos como pueden ser cicatrices, lunares, marcas especiales en la piel, características del vestuario, etc.

- Cuando la credibilidad de un testimonio, por una u otra causa, decae, el efecto de valoración ya operado sobre otros elementos del testimonio se mantiene.
- Juzgamos al testigo de acuerdo a nuestra propia capacidad de recordar, cuando realmente se debe juzgar conforme a su personalidad, memoria, capacidad intelectual y educación.
- No se tiene en cuenta el estrés.

Dentro de la programación neurolinguística también ocupa un lugar relevante el lenguaje extraverbal. Éste es utilizado fundamentalmente para comprender más allá de lo que dicen las palabras. Generalmente los abogados doctos en este tema utilizan las técnicas de interpretación del lenguaje extraverbal para detectar cuándo el testigo está mintiendo. Entre los métodos más complejos que recomiendo para estos fines está la prueba psicológica "Leindhart" o "Psicología por síntomas".[62] Esta prueba procura por medio del interrogatorio y su dinámica aflorar síntomas en el testigo que evidencien sus verdaderos sentimientos y así impulsarlo a decir la verdad. Otro método muy recomendable es el uso del "detector de mentiras". Mediante el detector se registra gráficamente la presión arterial y el ritmo de la respiración para que cuando el testigo mienta se refleje en el gráfico una alteración que evidenciará la mentira. Este instrumento se denomina polígrafo. A pesar de la alta credibilidad que los jueces otorgan a esta técnica la misma no deja de tener un margen de error.[63]

El lenguaje extraverbal se manifiesta de muchas maneras. Mediante el rostro se pueden decifrar mensajes gracias a las distintas expresiones faciales que realizan los individuos constantemente. Los ojos, no por gusto llamados "el reflejo del alma", pueden ser verdaderos indicadores de mentiras. Sucede, por ejemplo,

---

[62] MUÑOZ SABATÉ, LUIS: *Técnica Probatoria*. Editorial Temis, Bogotá, Colombia.1997. P.320.
[63] Sobre ello hablaremos más detalladamente en la segunda parte de esta obra: *Consejos útiles para abogados penalistas II. Como impugnar un dictamen pericial criminalístico.*

que las personas nunca miran a los ojos o al menos tratan de evitar mirar fijamente y de manera consistente cuando intentan esconder la verdad por medio de una mentira. Casi siempre estas personas intentan bajar la mirada o mirar de un lado a otro. Con lo que respecta a las manos y los brazos también existen signos que evidencian preocupación por parte del testigo. Por ejemplo, cuando éste miente o se siente intimidado por el interrogador (generalmente ante una pregunta incómoda) suele cerrar los puños y ubicar las palmas hacia abajo. Sin embargo, cuando las ubica hacia arriba es porque está buscando información. Entonces es cuando el abogado debe interpretar de que ese testigo no se recuerda bien del hecho o simplemente no tiene realmente toda la información que dice tener. Por otro lado, cuando el testigo se cruza de brazos es porque está ocultando información. Debemos tener muy en cuenta que ninguna de estas interpretaciones pueden ser absolutas sino relativas. Lo cierto es que la mayoría de los estudios realizados evidencian la exactitud de estas y otras interpretaciones del lenguaje extraverbal. Otras conductas a saber también asociadas a las mentiras por parte de los testigos son:[64]

- Ciertos movimientos en las manos (se reducen los movimientos de las manos, aumentan los contactos mano/cara, hay una reacción a cubrirse la boca o tocarse la nariz).
- Aumento en movimientos oculares
- Dilatación de las pupilas
- Encogimiento de hombros
- Evitar contacto visual
- Tardanza en responder preguntas
- Pausas al hablar
- Alteraciones en tono de voz
- Taparse la boca cuando se está hablando.
- La gesticulación y lo hablado deben corresponderse ya que la propia incongruencia sería un indicio evidente.
- Las emociones no deben ser exageradas o desproporcionadas.
- El mentiroso generalmente responde con las mismas palabras usadas por el interrogador y

---

[64] MIRABAL BENTOS, GUSTAVO: *Testigos. Aproximación desde la Psicología Forense.* AMF Editores. Pág. 94.

siempre intenta seguir ofreciendo explicaciones para evitar el silencio.

Otro tema que debemos traer a colación es el relativo al lenguaje jurídico. Muchas veces obviamos que un correcto tratamiento del lenguaje es fundamental para lograr los efectos psicológicos deseados en la comunicación con determinadas personas. Por estas razones, la idea de convencer por medio de la palabra hablada es muy importante para un abogado. En la esfera jurídico-procesal esta idea antes planteada cobra vigencia en cuanto el juicio oral, como bien se infiere de su denominación, catapulta la oralidad como forma esencial de comunicación. El lenguaje jurídico adquiere su particularidad, no por el hecho de la importancia del hablar correctamente y con toda conciencia en los foros donde se imparte justicia, sino por el uso adecuado del vocabulario propio de las especialidades jurídicas de que se trate. En este sentido alcanza gran importancia el conocimiento de los tecnicismos jurídicos y de las leyes que regulan, fundamentan y justifican de manera cierta nuestras argumentaciones. Con ello quiero significar que el dominio de un adecuado lenguaje jurídico es esencial para garantizar una defensa penal efectiva. Entonces podemos definir el lenguaje jurídico como el conjunto de términos y expresiones que denotan principios, preconceptos y reglas jurídicas a que están sometidas las relaciones humanas en toda la sociedad civil.[65]

La mejor manera de desarrollar un lenguaje jurídico es mediante el estudio profundo (ya sea por medio de la lectura, análsis de audiovisuales o diálogo) de las legislaciones y el análisis de las distintas maneras de argumentar jurídicamente los diferentes fenómenos sociales que se manifiestan a nuestro alrededor y de los que muchas veces formamos parte. Para ello influye en menor medida nuestra capacidad de

---

[65] Concepto tomado de El lenguaje Jurídico. Obtenible en http://lenguajejuridico-judith.blogspot.com/2009/11/el-lenguaje-juridico.html. Consultado el 20 de enero de 2017. A las 17:05hrs. Al respecto también vide: AGIRRE GARAI, JOHN: *El Lenguaje Jurídico* publicado en *Euskonew & media*. Obtenible enhttp://www.euskonews.com/0120zbk/gaia12005es.html.Con sultado el 20 de enero de 2017 a las 17:35 hrs.

memorizar y, en mayor medida, nuestra capacidad de argumentar.[66]

Para todo abogado es también importante saber distinguir entre la información útil para su teoría del caso y la información innecesaria. En este sentido no basta con ello sino que dentro de la información útil para la teoría del caso el abogado debe saber cuál es el momento idóneo para llevarla a colación. A veces en el juicio oral queda un margen para que el abogado defensor disponga del orden de su argumentación y el momento de presentarla al juzgador.[67] Este espacio debe ser bien aprovechado por la defensa y en ello juega un papel importante el lenguaje jurídico. Cuando un abogado argumenta su teoría del caso con conceptos, principios jurídicos y respalda sus alegatos con los preceptos legales adecuados gesta una impresión

---

[66] A la argumentación jurídica dedicamos uno de los tomos de esta obra.
[67] aunque la propia ley, por motivos disciplinarios y por conservar la necesaria equidad de las partes, establece el orden de los actos procesales y las bases del principio de preclusión y con ello delimita bastante esta cuota de libertad que tienen las partes para gestionar sus intervenciones ante el tribunal.

muy positiva que influye psicológicamente en el juzgador. Además, la discriminación de la información útil de la innnecesaria posibilita al abogado enfocarse en su objetivo, ilustrar mejor al tribunal y mantener la objetividad necesaria en el proceso penal.

Por otro lado, el dominio de las nuevas tecnologías cada vez se hace más necesario en toda defensa penal. Ya no se trata solamente de conocerlas para investigar sino de saberlas utilizar también para la ilustración al tribunal sobre nuestras teorías y puntos de vistas. Además de facilitar tiempo al abogado, las nuevas tecnologías permiten mejorar la calidad de trabajo del mismo y la comunicación con otras personas. Personalmente siempre las recomiendo en el estrado para exponer nuestros puntos de vistas de una manera organizada por medio de organigramas u otra técnica. Sólo resta decir que el dominio de las nuevas tecnologías de la información y la comunicación permiten al abogado crecer como persona pero también como profesional.

Hasta aquí he abordado algunos consejos dirigidos a los abogados penalistas. El segundo tomo de esta obra , además de dar continuidad a los temas aquí tratados, estará dirigido fundamentalmente a brindar consejos útiles sobre cómo enfrentarse a un dictamen pericial criminalístico y determinar de manera fácil la vulnerabilidad del informe pericial durante el juicio oral. Por ello recomiendo también su lectura y análisis. Me gustaría entonces cocncluir esta primera parte con una enseñanza que siempre me recalcaba mi profesor de Derecho Procesal en la Universidad y que he aprendido a valorar mucho a lo largo de mi carrera profesional y es que para ser buen abogado primero se debe ser buen ciudadano o mejor aún, un hombre de bien porque tus clientes de forma inconciente te hacen el guardián de sus principios morales.

Bibliografía

- Estalella del Pino, Jordi: *Cómo seleccionar al testigo idóneo* publicado en *Revista del Ilustre Colegio de Abogados de Valladolid.* Sección "desde el foro". Valladolid, España. Septiembre, 2006.P. 33-36.
- *Diccionario de Derecho Privado*, Tomo II. Ed Labor. Barcelona, España. 1954. P.3379.
- Fernández Martínez, Marta en *La Representación* (Cap.VII) en Colectivo de Autores: *Derecho Civil*, Ed. Félix Varela, La Habana, Cuba. 2006. P.275.
- Rivero García, Danilo, y Pérez Pérez, Pedro A.: *El Juicio Oral.* Ediciones ONBC, La Habana, Cuba. 2002. P. 11.
- Gimeno Sendra, Vicente y otros: *Derecho procesal. Proceso penal,* Ed. Tirant Lo Blanch, Valencia, España. 1993 P.457.
- Fenech, Miguel: *Derecho Procesal Penal*, t. I, Ed. Labor, Barcelona, 1960, España. vol. I, p. 559.
- Quiros Pírez, Renen: *Manual de Derecho Penal* II. Ed. Félix Varela. La Habana, Cuba 1999. P. 153-154.

- Roxin, Claus: *Derecho Penal, Parte General*. Obra completa.Ed. Civitas. España. 1997.
- Colectivo de autores: *Temas para el estudio del Derecho Procesal Penal*. Ed. Félix Varela. La Habana, Cuba 2003. P. 86
- Bodes Torres, Jorge: *La detención y el aseguramiento del acusado en Cuba*. 2ª edición actualizada, Editorial de Ciencias Sociales, 1996, La Habana (Cuba).
- Colectivo de Autores: *Temas para el Estudio de Derecho Procesal Penal* (Tercera Parte). Editorial Félix Varela. La Habana, Cuba. 2003.
- E. Bacigalupo Zapater: «Presunción de inocencia, *in dubio pro reo* y recurso de casación», *Anuario de Derecho penal y Ciencias Penales,* 1988, p. 34.
- M.Ş J. Mascarell Navarro: *La carga de la prueba y la presunción de inocencia*, *Justicia,* 1987, p. 631.
- H. Dahs: *Die Revision im Strafprozes*, München, 1972, p. 27.
- Nieva Fenoll, Jordi: *La duda en el proceso penal*. Ed. Marcial Pons. Madrid. España. 2002
- Barrios Gonzales, Boris: *La defensa Penal*. Ed. Jurídica bolivariana. 1999.

- Villanueva Orozco, Samuel Alberto: *La aplicación del principio de congruencia de las pruebas en el juicio de extinción de dominio.* Publicado en *Revista del Instituto de Judicatura Federal.* No 29. Mexico. P. 280.

- Arazi, Roland: *La Prueba en el Derecho Civil.* Buenos Aires (Argentina): Ediciones La Rocca, 1991, pp. 89 y s. Citado por Barrios Gonzáles,Boris: *Teoría de la sana crítica.* (ensayo).

- Climent Durán, Carlos: "*La prueba documental en el proceso penal*". *Revista del Poder Judicial,* Madrid, nos. 41-42, p. 231, 1997.

- Espinosa Cueva, Carla: *Teoría de la motivación de las resoluciones judiciales y jurisprudencia de casación y electoral.* Ed. Tribunal Contencioso electoral y Corte suprema de Justicia. Quito, Ecuador. 2010. P. 50.

- De La Rúa, Fernando:*Teoría general del proceso,* Ediciones Desalma, Buenos Aires, 1991, p. 146.

- Gómez Oprbaneja, Emilio; Herce Quemada, Emilio: *Derecho Procesal Penal,* en *Derecho Procesal* Vol.II, Madrid, España. 1954.

- Goldberg Steven: *Mi primer Juicio Oral*. Ed.Heliasta, Buenos Aires, Argentina. 1994. P. 237-254.
- Romero Soto, Julio: *Técnica Jurídica de Investigación Penal e Interrogatorio*. Librería Ediciones del Profesional Limitada. Págs.103-164.
- Jara Murillo, María Gabriela: *Oralidad en los Procesos Judiciales*. Poder Judicial, Escuela Judicial, Antología.
- Muñoz Sabaté, Luis: *Técnica Probatoria*. Editorial Temis, Bogotá, Colombia.1997. P.320.
- Mirabal Bentos, Gustavo: *Testigos. Aproximación desde la Psicología Forense*. AMF Editores. Pág. 94.
- Agirre Garai, John: *El Lenguaje Jurídico* publicado en *Euskonew & media*. Obtenible enhttp://www.euskonews.com/0120zbk/gaia120 05es.html.Consultado el 20 de enero de 2017 a las 17:35 hrs.

www.ingramcontent.com/pod-product-compliance
Lightning Source LLC
Chambersburg PA
CBHW051641170526
45167CB00001B/279